図解服务的细节

120

飲食業界　成功する店　失敗する店

餐饮开店
做好4件事就够

［日］重野和稔 著

韩冰 译

图字：01-2021-3139 号

INSHOKU GYOKAI SEIKOSURU MISE SHIPPAISURU MISE by Kazutoshi Shigeno
Copyright © Kazutoshi Shigeno 2020
All rights reserved.
Original Japanese edition published by Subarusya Corporation.

This Simplified Chinese language edition published by arrangement with
Subarusya Corporation, Tokyo in care of Tuttle-Mori Agency, Inc., Tokyo
through Hanhe International (HK) Co., Ltd.

图书在版编目（CIP）数据

餐饮开店做好 4 件事就够 /（日）重野和稔 著；韩冰 译. —北京：东方出版社，2022.8
（服务的细节；120）
ISBN 978-7-5207-2840-9

Ⅰ.①餐… Ⅱ.①重…②韩… Ⅲ.①餐馆—商业经营—经验—日本 Ⅳ.①F733.136.93

中国版本图书馆 CIP 数据核字（2022）第 110392 号

服务的细节 120：餐饮开店做好 4 件事就够
(FUWU DE XIJIE 120: CANYIN KAIDIAN ZUOHAO 4 JIAN SHI JIU GOU)

作　　者：	[日] 重野和稔
译　　者：	韩　冰
责任编辑：	崔雁行　高琛倩
出　　版：	东方出版社
发　　行：	人民东方出版传媒有限公司
地　　址：	北京市西城区北三环中路 6 号
邮　　编：	100120
印　　刷：	北京明恒达印务有限公司
版　　次：	2022 年 8 月第 1 版
印　　次：	2022 年 8 月第 1 次印刷
开　　本：	880 毫米×1230 毫米　1/32
印　　张：	7
字　　数：	130 千字
书　　号：	ISBN 978-7-5207-2840-9
定　　价：	58.00 元

发行电话：(010) 85924663　85924644　85924641

版权所有，违者必究
如有印装质量问题，我社负责调换，请拨打电话：(010) 85924602　85924603

目　录

前　言　/1

餐饮顾问的基础知识　/5

第 1 章
由门店概念决定的成与败

我是如何进入餐饮业的　/003

成功案例　以成熟男性为目标人群的"盐佐清酒"餐厅
（青山·日料居酒屋）　/008

成功案例　依靠来自香川的员工而火爆起来的特色乌冬面
（新宿·大型赞岐乌冬面馆）　/016

成功案例　店里各式的黑糖烧酒一应俱全，并精选每一款味噌
（千驮谷·黑糖烧酒居酒屋）　/024

失败案例　半年内倒闭，负债2亿日元！"埋下了陷阱"的第三家店的悲剧（代官山·大型日料居酒屋）　/033

| 失败案例 | 以为不用出设备费，结果却自讨苦吃
（神户·日料居酒屋） ／040

| 失败案例 | 一家完全抄袭我们味噌概念的店
（银座·日料居酒屋） ／045

| 成功案例 | 拯救了一家由毫无餐厅设计经验的设计师设计的
灾难性餐厅（大阪·盖浇饭餐厅） ／049

第 2 章
由菜单决定的成与败

| 成功案例 | 放弃了"纯手工细作"的概念后，销量反而上升了
（筑波·荞麦面居酒屋） ／055

| 成功案例 | 两年后通过改变经营项目、PR 营销吸引顾客的
神奇餐厅（大阪·大型居酒屋） ／058

| 成功案例 | 外国客人也能看得懂的招牌，让营业额上涨
（新宿·猪排饭餐厅） ／061

| 成功案例 | 在店内墙壁上画上喝啤酒主题的装饰画，增加了夜间
时段的营业额（池袋·拉面店） ／065

| 失败案例 | 抄袭"GALALI"的大餐企的案例
（札幌·日料居酒屋） ／067

| 失败案例 | "我要卖关东煮和咖喱饭！"自大的年轻老板
（六本木·居酒屋） ／072

成功案例 让服务用语更接地气后,销售量上升了
（秋叶原·拉面店） /075

成功案例 仅凭一款新开发的菜品,就让餐厅起死回生
（藤泽·烤鸡串店） /077

成功案例 花费大量时间和成本打造出特色美食,大受欢迎
（大阪·韩国料理） /081

失败案例 打造出大众化的菜单,营业额却下降了
（涩谷·意大利餐厅） /086

成功案例 仅改变了摆盘和展示的方式,餐厅就变成了网红餐厅（横滨·咖啡馆） /090

为了餐饮事业的延续,就要不停地去吃 /092

第 3 章
由人力资源决定的成与败

员工的水平会影响餐厅的营业额 /099

成功案例 仅更换了一名员工,就让营业额在一个月内提高了150万日元（千驮谷·黑糖烧酒居酒屋） /104

失败案例 从下雨天就不上班的员工身上学到的教训
（夏威夷·日式配菜店） /114

失败案例 "小偷就在员工中!"偷窃营收的店员

（静冈・铁板烧） ／116

如何防范员工贪污的行为 ／120

成功案例 降低员工离职率的第二代接班人
（六本木・海鲜居酒屋） ／126

第 4 章
由成本管理决定的成与败

避免餐厅经营失败的成本管理技巧 ／133

失败案例 店家栽在了固定成本上（大井町・炸串店） ／163

失败案例 经营者在兼职人员的管理上，出现了失误
（神乐坂・意大利餐厅） ／166

失败案例 即使餐厅正在赢利，也会遭遇破产的危机！——消费税的陷阱（涩谷・西班牙餐厅） ／169

成功案例 拒绝"笼统账"！通过制订商业计划书管理预算，让餐厅扭亏为盈（中目黑・小酒馆） ／171

成功案例 用一道成本率高达 50% 的菜，让餐厅生意兴旺的夫妻店（浅草・西餐厅） ／175

失败案例 尽管位于步行 2 分钟即可到达车站的黄金地段，却因为过度削减原料和人工成本，而"自掘坟墓"
（新桥・药膳料理） ／177

开店时就提前规划好撤店方案，是很重要的 　/ 180

终　章
力争开一家生意长盛不衰的餐厅

有策略地展现经营者的感性思维 　/ 187

结　语 / 195

前　言

　　我是从事餐饮行业相关工作的。**我参与经营的餐厅，包括我在日本和海外开过的直营餐厅，以及我作为顾问提供咨询服务的餐厅，总数已经超过了200家。**

　　我工作的动力，除了美食与美酒，还有我在这个名为"餐厅"的空间里遇到的顾客，以及在那里工作的人，这一切都是我愿意投身餐饮行业的原因。

　　特别是当我看到那些在餐厅忙碌工作的身影，就不禁会联想到他们背后的故事，比如他们如何努力策划门店的概念、推敲内装样式、开发招牌菜式，等等，我觉得他们是最可爱的人。

　　我觉得这样的我，可能是命中注定要入这一行。

　　然而，尽管我非常热爱这项事业，但在我20多年的从业经历中，也曾多次遭遇挫折而一蹶不振，甚至产生过放弃这份事业的念头。

　　最困难的时候是在2005年，当时我在距离代官山车站步行仅需一分钟的地方，开了一家面积70坪（约230m^2）、内设120个餐位的大型日料居酒屋。没想到，仅半年后餐厅就倒闭了。这次失败让我背负了巨额债务，资金链几近断裂。

我的心理状态也出现了问题，连我最热爱的餐厅都不敢踏入一步，甚至想要抛下一切，一死了之。

其实，有很多餐厅老板都有过这种痛苦的经历。据某金融机构的非官方数据统计，**在东京23个区内新开的餐厅中，有九成会在1年内发生现金流恶化的情况，导致经营者无法偿还贷款。**数据还显示，**约三—五成的新店，会在一年内倒闭。**另外，据餐饮业房地产资讯网《居抜き情报.com（出售转让信息.com）》的数据统计，**六成的餐厅会在2年内、八成会在5年内消失**（均为2016年的数据）。

帝国Data Bank也曾在同年12月发布调查报告称，**2019年的餐厅破产数，可能会达到历史最高水平**（译者注：帝国Data Bank为日本极具权威的企业信用调查公司）。

透过数据重新审视这个行业，我们可以发现，开餐厅其实是一门很难做的生意。

首先，餐饮业入行的门槛很低，因此同行之间的竞争很激烈。

此外，原材料和店面租金等成本也在逐年上涨。由于餐饮业是一个员工流动率非常高的行业，所以招聘成本很高，人工

前言

成本也在攀升。

另外，餐饮业的消费趋势也不乐观。不喝酒的人越来越多，还有数据显示，每户家庭花在堂食上的钱越来越少。

尽管如此，路边的餐厅还是一家接一家地开，老板们都认为自己肯定能成功。他们对自己的构想和未来充满信心，很多都是没有做好充分的调查和准备就匆匆上马……事实上，曾经的我就是这样。

不过，**我从那次几乎要了我的命的失败中吸取了教训，我还充分利用了在进入餐饮业之前，我在银行、房地产公司工作时积累的经验和知识，不断地探求导致一家餐厅经营成功或失败的因素到底是什么。**

后来，**我掌握了不少实战经验，学会了如何规避失败的风险。现在，我的直营店中，有七成已经经营了10年以上，而由我担任餐饮顾问的餐厅中，也有八成经营超过了5年，生意也都很兴隆。**

本书从200多家餐厅的经营案例中，精选出了一些不同类型的餐厅经营成功和失败的经典案例，并对原因进行了讲解。

具体来说，我以通俗易懂的方式，阐述了门店概念、菜单开发、员工培训、成本管理以及撤店方案的重要性。

我还在书里提到，在担任餐厅顾问时，我总是会准备一份商业计划书，模拟出开一家新餐厅所需的成本（撰写商业计划书对于获得融资以及利用数据评估餐厅开业后的情况来说，都是必不可少的环节），并提交给客户。另外，为了能直观地展示如何管控餐厅成本，我还在书里设计了一个模拟案例［假设经营者盘下一间方便独立经营、面积为15坪（49.5平方米）的旧店，准备在里面开一间居酒屋。开店成本大致可定为1000万日元］。

我会通过这个模拟案例，就如何写一份商业计划书进行详细的讲解。其中包括"开店成本估算表"、"平均营业额预估表"、"月度收支计划表"、"年度收支计划表"，以及"预选店址市场调查报告示例"等报表。

我希望这本书能对那些正在筹备独立经营餐厅的读者，或者是已经拥有了属于自己的餐厅的读者，以及想要走近餐饮经营世界的读者，有一些帮助。如果您有兴趣读到最后，我将不胜荣幸。

餐饮顾问的基础知识

"构想已经酝酿多年,是时候开一家属于自己的餐厅了!"

做出这样的决定之后,有的人从餐厅选址、概念设计到菜单制订、资金筹集的一切事务都亲力亲为;有的人则会对创业感到焦虑,希望能与餐饮行业的专业人士一起制订商业计划书。此外,还有人会困惑,"餐厅开业之初都比较顺利,但营业额却没有达到我的预期",从而向外界机构请教经营之道,询问是否有改进的方法。开一家餐厅,把它做得风生水起,其实有很多不同的途径和经营形式。

基础知识 1 社长(总经理、老板)

即餐厅经营的最高负责人,可以是法人或个人。主要可分为两类,一类是以经营餐厅为主业的经营者,一类是不以经营餐厅为主业的经营者，这两类又可以进一步细分。

- 以经营餐厅为主业的经营者。
  - 即独立负担开店和经营的费用，自己管理餐厅，不委托他人管理的经营者。根据门店数量和规模的不同又可分为两类：一类是从事一线工作的经营者，另一类是专注于管理的经营者。
    - 担任厨师，在后厨独当一面的经营者（主厨）。
    - 在大堂接待客人，同时也在后厨统筹的经营者。
    - 把一线完全委任给店长，专注于管理的经营者。
- 不以经营餐厅为主业的经营者。
  - 有其他主业，同时把餐厅作为投资或事业支柱之一来经营的经营者。
  - 本身是公司员工，有固定收入，负担开店和经营费用，但将餐厅的管理交给店长的经营者（工薪族老板）。

基础知识2　餐饮顾问

从策划餐厅的经营模式、菜单、室内设计、服务等概念及定位，到将概念落实，打造出一家餐厅，都在餐饮顾问的业务范围内。具体来说，餐饮顾问的工作涉及方方面面，包括餐厅选址、市场调研、销售预测、融资支援、菜品研发、店面设计、平面设计、施工装修、选择供应商、启动指导和员工培训等等。在有的项目里，客户已经确定了总体概念和经营模式，餐饮顾问则负责其他所有事务；而有的项目里，餐饮顾问只独立负责概念策划，菜单开发或店内设计等事务则与其他人合作完成。

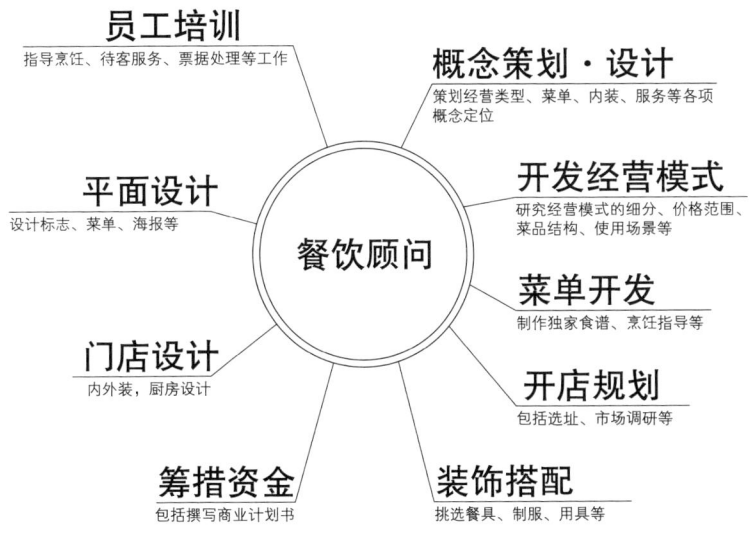

基础知识 3　运营管理

当餐厅老板由于管理人员不足、期望提升业绩，或者专注于餐饮以外的其他业务等原因，将一部分经营权委托给我们时，我们会在不改变基本经营模式的前提下，建立一个赢利的体系。具体来说，就是通过重新评估菜单和服务、改用同等品质却更加便宜的供应商，以及精简班次和操作流程等来创造利润。有些情况下，我们也会派遣人员或定期到店指导，并根据不同的工作内容，采取灵活的收费方式。

基础知识 4　运营外包

当餐厅老板由于管理人员不足、期望提升业绩，或者专注于餐饮以外的其他业务等原因，将餐厅的整体运营外包给我们时，我们会建立一个赢利的体系。有时会涉及经营模式的改变，比如将意大利餐厅改造成日式居酒屋。在某些情况下，比如在定制新菜单或制订操作流程时，也会尊重经营者的意愿。通常，费用的计算方式有租金+α、营业额的一定比例或按利润分成等形式。

餐饮顾问的基础知识

轻井泽　Kastanie轻井泽
烤鸡店（Roast Chicken）

这是一家意大利餐厅，从轻井泽站步行5分钟即可到达。这家人气餐厅的店主很有品位，且热情好客，轻井泽烤鸡是他们店的招牌菜。我们协助店家对店面进行了翻新。

新宿市　赞岐乌冬面大使东京面通团

（上图）该店于2003年9月在西新宿开业。这是我作为餐饮顾问协助的第一家餐厅，它秉承"在东京就能品尝到原汁原味的香川赞岐乌冬面"的理念，让来自香川当地的员工为食客带来正宗的赞岐乌冬面。这家餐厅是由多人共同经营的。此前，"TOWN情报杂志"一直致力于在全日本推广赞岐乌冬面，而后杂志社的编辑部成员组成了一个团体"面通团"，一起投资了这家店。凭借着"原汁原味，越吃越有味"的宣传语，这家餐厅一开业就成了网红餐厅，即使是现在，入店就餐也需要排队等候。
（左图）"东京面通团"不仅在面条品质和汤头口味上下足功夫。为了营造现场气氛，我们在餐厅入口处摆放了一口大锅，让走在外面的顾客也可以看到乌冬面的煮制过程。

茅崎市　SPORTIFF咖啡馆

该店是湘南具有代表性的服装品牌SPORTIFF旗下的一家意大利咖啡馆。它位于临近海边，人称"SPORTIFF村（汇集了多家店铺和品牌）"的一处地方。这里经常举办各种活动。我们正在协助店家，打造出一个连明星都会前来打卡的网红餐厅。

10

第 1 章
由门店概念决定的成与败

我是如何进入餐饮业的

▶通过在银行和房地产公司积累经验，为经营餐厅做准备

我是在 30 岁时，才开始涉足餐饮行业的。当我在会议上回顾发展历程时，经常有人问我："所谓餐饮顾问或餐饮咨询师，到底是什么样的工作呢？"因为很少有人会在自己经营餐厅的同时，参与到另一家餐厅的开店和经营等幕后工作中去。

目前，我作为餐饮顾问，已经参与过 200 多家餐厅的经营工作。现在我可以给大家讲一些成功和失败的店铺的故事，无非是因为我有一些从事其他行业的经验，而且我自己开餐厅时，就品尝过成功和失败的滋味。

决定一家餐厅成败的首要因素是门店概念，但在谈这个问题之前，我想先说说我是怎么进入餐饮行业的。因为这与门店概念的话题密切相关。

我之所以立志投身餐饮业，是受到了我曾祖父的影响。战

后,我的曾祖父从池袋的黑市白手起家,开过许多饭店和餐厅。我爷爷原本在银行工作,后来他从银行辞职,继承了这些家业。

小时候,我经常在家里的餐厅待着,每天看着餐厅的环境和店里忙碌工作的人们,自然而然就对餐厅产生了感情。

后来,餐厅倒闭了,爷爷就开始另起炉灶。家里几代人都是自己创业,我隐隐约约地觉得,将来我也会创业。

也许是预见到了我的未来,爷爷经常对我说:"如果你将来想开公司,就应该先在金融行业找一份工作。了解银行的业务,会对经营公司非常有帮助。"我无法把这个建议从脑海中抹去,所以大学毕业后,我就在银行找了一份工作。

进入银行后,爷爷建议我要精通三个方面的内容:①如何与银行打交道;②如何准备财务报表,让银行愿意给我贷款;③如何建立人脉。

在金融行业历练过之后,我就转战房地产。当时我的本家是做房地产生意的,所以我离开银行,进入了房地产行业。在这里我学到了很多东西,比如选址的标准、租赁和内外装修的市场价格等等。

我在二十几岁时,专心致志地学习了金融和房地产知识。经营餐厅,从开业到管理、结账、结业(撤场)都需要商业的眼光,所以这段经历对我后来做餐厅顾问的帮助很大。

30岁那年,我满怀热情地投入了心心念念的餐饮行业,我和两个朋友合伙，在各种活动场地开起了玉米饼摊。在研究了纽约、旧金山、冲绳等地的墨西哥卷饼店后，我们开了一家WRAP墨西哥卷饼店，用当时在美国很流行的墨西哥卷饼皮（玉米饼）包裹食材，结果却以失败告终。很快，我们的钱就用完了，大家只能靠打工来筹集资金。

这也难怪，因为我虽然学过金融和房地产知识，但却没有实际在餐厅服务的经验。而且在门店设计、菜单开发、菜品制作、餐厅运营、顾客接待、人才培养等方面还有很多需要学习的地方。

我终于意识到，一群外行怎么坚持下去，都无力回天。所以我关闭了墨西哥卷饼店，开始在一家旗下拥有多个餐厅的餐企工作。

我们三个人散伙的时候，相约再会，期待我们都能掌握成功经营餐厅的诀窍，一年后再带着各自的成果相聚。

▶两年来不眠不休的工作，把餐饮服务业的实践融入到我的身体里

当时，我重新去到一家名为"际"的公司就职，这家公司正在全国铺开其旗下餐饮连锁品牌"红虎饺子房"的门店，公司的发展势头强劲。我就是在这里，学到了餐厅的服务和管理

的实务经验。

入职后，我被分配到总裁秘书的职位，因而能够考察现有的餐厅，同时能够看到新餐厅开张的过程。此后，我负责过新店推出和新经营模式开发等项目。另外，由于我有银行和房地产的从业背景，因此也负责处理过公司经营上的事务。

最忙的那段时间里，我一心都扑在了自己操办起来的新店上，每天在厨房和大堂的工作一线从早忙到晚。结束了一线的工作，包括打扫餐厅、统计销售额、汇报当日工作，回到公司已经是深夜了。

小睡两小时后，我就会醒来，坐到电脑前面处理各种文件。早上8点，我直接开始在公司准备午餐时段的销售工作。我真的忙到连睡觉的时间都没有，一个月只能回两次家。

这样的生活持续了几个月后，就算是铁打的人也受不了，我病倒了。公司旁边就有一家医院，我就在那里一边打吊针，一边小睡两个小时，然后照常上班。不过，我不是故意逞强，而是真的从来没有想过要请一天假。我每天都很充实，也很开心，不由自主地想要更加努力地工作。

为什么会这样呢？这是因为我提前跟"際"公司的社长报备过："我准备在一年后开一家自己的餐厅。我不需要休假，所以请让我在您这里学习吧。"我很感谢社长的好意，让我在短时间内学到了很多东西。

现在大家都在讲合规，如果一个公司让员工这样工作，马上会被列入黑心企业的黑名单。但是我觉得当时在餐饮行业有很多人像我一样，梦想着自己开店，所以工作的时候不在乎多付出时间。

我在"际"公司工作了两年。虽然比我计划的时间多了一年，但我还是按照当初的约定从公司离职，和原来的合伙人们重聚一堂，成立了一家综合餐饮服务公司。我开的第一家直营店就是我接下来要讲的"GALALI 青山店"。

成功案例 以成熟男性为目标人群的"盐佐清酒"餐厅（青山·日料居酒屋）

▶我们想在市中心闹中取静，打造一个有质感的私密空间

我开的第一家直营餐厅"GALALI 青山店"是一家以成熟男性为目标人群，主打"盐佐清酒"概念的居酒屋。2002 年，我们把位于表参道站和外苑前站之间的一个独栋日式老房子，改造成了一家私房菜风格的餐厅。

现在餐厅强调食材或调料的特色，把优质食材当作噱头，打"食材牌"是营销最首选的手段模式了。但在当时，我们从日本各地采购来 12 种盐（如阿苏的熊笹盐和室户的深海之华盐），将它们端上餐桌，打出"盐佐清酒"概念，却能够令顾客耳目一新。

免费的特色佐酒盐一经推出，马上就被客人们口口相传，我们店还借此机会登上了电视荧屏和杂志版面。得益于此，餐厅的生意到现在都很好。不过这家直营 1 号店的选址过程并不

是很顺利,当时在选择现在的这个店址时,其实得到的几乎全都是负面的反馈。

"现在大家都喜欢喝烧酒,为什么要在青山开一家供应清酒的居酒屋呢?"

"如果是沿街的位置倒还好说,但为什么要开在僻静的巷子里呢?"

在2000年初,青山一带确实没有什么门面装修高调且醒目的餐厅,但对我来说,这反而是十分合适的时机。

我最初的构想,是想打造一个供熟男熟女专享的社交空间,因此我打算把这家店做成"顾客几乎都是常客,没事就喜欢过来静静地品几杯清酒"的私房菜馆的形式。

所以我没有选择车站前的繁华地带,而是把目光投向了远离车站的静谧角落。

然后,在市中心离表参道站步行约六七分钟的小巷里,我发现了一幢符合我心目中形象的房子。

这是一栋独门独户、远离喧嚣、能勾起乡愁的老房子。在这个距离车站较远的地方,你可以远离城市的喧嚣,悠然自得地喝上一杯。除此,别无他选!

"如果我们改造一下,可以放置30到40个席位。而且,在这里可以招揽许多常客!"

我反复向合伙人灌输了门店的理念,于是我们就开了这家青山店。

▶要想成功经营一家餐厅，必须有一个清晰明确的定位

因为这是我辞职后开的第一家餐厅，所以我在明确门店概念以及划分目标客户群上，花了很多精力。换个角度来说，我们的目标是打造一个让顾客从一开始就冲着我们的口碑前来消费的餐厅，而不是人们路过时顺便进店的餐厅。

于是，我们把客单价定在了7500日元，目标人群是30岁到50岁的男性。如果你是个酒量大的人，很容易就能花掉一万多日元。一般来说，男人比女人喝得多，吃得也多，所以花费也更多。

相较之下，女人更喜欢聊天。她们往往在吃喝到一定量后就不再点菜，而且女性对潮流的敏感度比男性高，她们更喜欢去新开业的餐厅消费，所以顾客忠诚度不高。

男性则更容易成为"常客"，他们如果喜欢一家店就会不断光顾。所以我们决定将第一家餐厅的主要客户人群锁定为成年男性。另外，能让男性顾客愿意带女性一起去的"老房子里的私房菜馆"，可能是个不错的概念。

从我经营第一家餐厅和后来从事餐厅顾问的经验中，我学到的是，**餐厅的定位越明确，目标人群划分越细致，你就越接**

近成功。

当然，想要完全按照自己的意愿打造一家餐厅是很难的。不过，**如果你对你的餐厅有一个清晰的愿景，这将帮助你克服困难，并牢牢地绑住你的合伙人。而且，也会吸引认同老板的理念、具有同样品位的顾客，让这家店成为一家生意长盛不衰的餐厅。**

对于一个餐厅老板来说，创造概念的能力和想象力是不可或缺的。

▶顾客减少的淡季，是培养常客的好机会

刚开始的时候，我们有一个原则，就是自己不做任何的 PR 营销。明明餐厅的概念是"成年人的隐秘角落"，却又大肆宣传的话，就自相矛盾了。当时我们的确有这种坚持所在。

我们也认为，"远离车水马龙的喧嚣，以盐佐酒，尽享美食"——这样的概念一定会口口相传，吸引顾客，所以我们决定不做 PR 营销，直接接受市场的检验。

餐厅真正开起来之后，我们发现在开业后的前两周到一个月里，有许多朋友和熟人过来捧场，包来"红包"。营业额比原计划高出很多，客人们离店时都说："下次还会再来的。"我心想："这下真的成功了！"然而，市场终究是残酷的。

到了第二个月，营业额开始急剧下降。

周五的时候，餐厅里的客人还多一些，但在平日和周末，只有一两拨客人光顾。有的时候，三四天都没有人来。

这样的"冷清"局面持续了两个月后，当老板的肯定会心里没底："万一以后一直没有生意可怎么办啊？"

其实我也有过这样的担忧，但后来我转变了思路，认识到**这段疲软期是培养老顾客的好机会**，只要我们把自己的想法和餐厅的理念传达给远道而来的顾客，为他们提供美味的食物和酒，他们就一定会成为我们的粉丝。

于是，我们开始向来店的顾客宣传我们创办餐厅的初衷是什么；他们会享受到餐厅怎样的服务；餐厅名字的由来；菜品、室内设计以及菜单展示方面的匠心。顾客一整套享受下来，纷纷表示："店里的装修用了许多木材，显得很温馨，店内的气氛也很好"，"菜品很好吃，员工也很亲切。下次还会再来的"。

在安静的就餐环境里，听到顾客的赞美，是一件让人很开心的事。此外，我们的私房菜馆的环境清幽，氛围闲适，非常适合与坐在吧台前的客人们亲密地交谈。

就这样，一部分偶然来到我们店吃饭的客人，一来二去就成了常客。另外，为了能在顾客的心中留下一席之地，我们也进行了不懈的努力：我们会利用业余时间给客人们写感谢信，还收集了客户电子邮件地址，建立了列表，每月都会将我店秉承的概念与当月推荐菜一起发送给客人们。

在这样的淡季里,我们还邀请附近的居民到店里消费。从居民的角度来看,自己家的附近开了一家居酒屋,肯定会受到打扰。

然而,**餐厅的成功离不开当地人的支持和喜爱**。我们尽可能地和邻居多打招呼,每天都打扫外面的卫生,等彼此熟悉了,能搭上话了,我们就邀请他们光顾我们的小店。有时候也会有朋友帮忙拉客。我的朋友们看到餐厅从开业时的热闹场面,变成现在这样冷冷清清的样子,都关切地询问:"店里还好吗?这是个好餐厅,可不能倒闭啊。我去给你拉几个客户。"于是他们开始经常光顾,还带着同事一起来。

如果在淡季的时候,能够遇到认同这家店的价值、非常欣赏这家店的顾客,那真的是很幸运。

是因为我想让这些顾客们更加满意,所以为他们提供更加美味的食物和更好的服务就成了我的追求。这份责任感,会成为你的餐厅在通往成功的道路上前进的强大助力。

▶度过艰苦的时期,就会迎来顾客盈门

自从我开始转变思维和行动,选择在淡季培养固定客户群后,我感觉到时来运转了。

特别是自从邀请当地居民来店后,我发现在门店附近工作的服装设计师、企业主、贸易公司员工都开始光顾我们店了,我真实感受到了口碑传播的影响力。

就在喜爱我们餐厅的顾客又带来其他客人,也就是所谓的"老客带新客"现象逐渐增多时,一位同样对我们餐厅钟爱有加的杂志编辑,帮我们写了一篇文章。

有人可能会想:"你们的顾客都是成熟内敛的中年人,看重的就是私房菜馆里清幽隐秘的环境,现在在杂志上做广告合适吗?"但是我们并不觉得需要保持"不接受采访"的神秘感,所以对于采访是来者不拒的。我们一直避免自己大肆宣传,但如果你喜欢我们的餐厅,想写一篇关于它的文章,我们也是非常欢迎的。

另一家杂志社看到了这篇文章后,也发来了采访的请求。大概是在四个月之后,很多看过杂志的读者纷纷预约并来店光顾,营业额也开始增加了。

当然,后来餐厅的经营事业也有过起起落落,但每次都是老顾客救了我们;电视和杂志等媒体上的报道,以及年轻员工利用社交网络服务发布的信息也都引起了反响,餐厅开业至今已经持续经营18年之久了。

位于青山清静的住宅区,从表参道站步行6—7分钟就可抵达的这家居酒屋,已经成为一家老字号了。

如今，店里虽然仍保留着"十二盐佐清酒"的概念，但我们酒的种类已从20种增加到50种，并主打热酒、熟成酒，努力让我们居酒屋的特色更加鲜明。

特别是本店独有、全年供应的，由"温酒师"专门调配的加热清酒，非常受欢迎。

在经营第一家直营店"GALALI青山店"的过程中，我体会到**一家餐厅能否长久经营下去，取决于我们是否用心地与顾客分享了我们的理念。**

成功案例 依靠来自香川的员工而火爆起来的特色乌冬面（新宿·大型赞岐乌冬面馆）

▶我在新宿偶然接到了第一份顾问工作

2002年，在东京涩谷的公园大道上，开了一家一碗面只卖100日元的赞岐乌冬面馆。各个媒体对这家餐厅争相报道，排队的人络绎不绝，店铺的生意非常兴隆。掀起了一阵"赞岐乌冬面"的热潮。

然而，也有人对这股热潮泼冷水。那就是乌冬面之乡——香川县的TOWN情报志（译者注：TOWN情报志是一家刊登当地旅游美食情报的杂志）。当时趁着这股热潮，东京出现了不少赞岐乌冬面馆。但是TOWN情报志的人在尝过这些面后，给出的评价却是："这根本不是赞岐乌冬面""我不想让东京人以为赞岐乌冬面就只有这种水平"。

于是他们想在东京开一家可以吃到正宗赞岐乌冬面的餐厅。我就成了帮助他们开店的顾问。他们比任何人都了解赞岐乌冬面，但他们并不是经营餐厅的专业人士。所以，机缘巧合下，他们委托我做了他们的顾问。

面馆开业是在我接受委托的半年后了。

与第一家位于青山的私房菜馆不同，我觉得这家店应该开在人流量大的地方，所以把目光投向了银座，但核算完房租等成本后，我发现是无利可图的。

我们也曾想过在涩谷开店，打败之前的那家店，但考虑到预期客单价和租金，便放弃了。

经过深思熟虑，我们决定在西新宿开店。那里平时和周末都有很大的人流量，租金也在我们的预算可以接受的范围之内。这一带没有赞岐乌冬面馆，我们认为我们能够独占这块市场，大获全胜。

这次任务的第一步是为店面选址。一般情况下，如果找到一个好位置，最快两三个月就可以开一家餐厅。

▶第一次尝试赞岐乌冬面我就迷上了它

其实在接到这个委托之前，我从来都没有吃过赞岐乌冬面。所以甲方客户每天会从早上开始，带着我一连去七八家乌冬面馆吃面，然后告诉我"这家店的面最好，这家店的汤汁最好"。让我通过亲口品尝，知道什么是赞岐乌冬面最正宗的味道。

TOWN情报志编辑部的成员和店主们关系都很好，他们不仅大方地告诉了我菜谱，还推荐了面粉、鱼干等原料的批发商。

我们已经确定了采购渠道，以及想要达到的口味。这时，我已经对回到东京后打造什么样的餐厅，有了一个明确的构想。

结果，我以一天内试吃八家乌冬面馆的频率，一连吃了三天，之后我就彻底迷上乌冬面了。

我完全被赞岐乌冬面的魅力所征服，工作结束后回去的路上，在高松机场我又下意识地点了赞岐乌冬面。

▶香川人用产自香川县的食材制作的乌冬面

我们这家新宿乌冬面馆的理念是："在东京就能品尝到原汁原味的香川赞岐乌冬面"。也就是说，**我们选取产自香川的食材，聘请香川土生土长的厨师，到现场制作**。

TOWN情报志编辑部的成员们和东京的媒体人有往来，对媒体策略很有研究，在印有"原汁原味，越吃越有味"广告语的新闻稿和传单发布之后，餐厅就开张了。

这家餐厅就是"赞岐乌冬面大使东京面通团"。

我和客户方各有分工，互相配合。客户方负责推广赞岐乌冬面的味道和吃法等概念、广告宣传，我们负责餐厅其他的运营。计划让客户最终掌握餐厅整个的经营模式和运作流程，一年后，他们就可以独立经营餐厅了。

客户聘请的员工都是土生土长的香川人，但我们公司在店里进行一线指导的员工却不是香川人。

所以我把他们送到香川，学习了四个月乌冬面的正宗制作方法。得益于这样的培训，面的品质得到了客户方的认可："味道和在香川吃到的一样。"

当时，"香川厨师用取自香川的食材炮制的正宗赞岐乌冬"——这一主打概念火爆了全城。

▶开业首日的营业额比预期翻了一倍

"赞岐乌冬面大使东京面通团"不仅在面条和口味上下足功夫，为了营造现场气氛，我们还在餐厅入口处摆放了一口大锅，让走在外面的顾客也可以看到乌冬面的煮制过程（见第10页照片）。

当多份乌冬面坯子放入锅中时，水温就会下降，面也会失去嚼劲。为了防止这种情况发生，我们想办法同时使用民用煤气和丙烷煤气，使水不断沸腾，这样无论在锅中放入多少份面坯子，温度都不会下降。

当然，储备店长们已经学会了所有的操作。开业第一天，大家感到有些紧张，但充满了期待。

客户方的餐厅老板问我:"重野,你觉得我们一天的营业额会有多少呢?"我回答他:"情况好的话,会有三十万日元吧。"他信心十足地笑着说:"哈哈哈,重野,你还是太年轻了。我觉得能到50万日元。"

最终,第一天结算的营业额是70万日元。要不是天妇罗等菜品卖光了,我们的营业额会更高。第二天,我们预见到缺货的状况,提前做好了准备,这一天的销售额超过了100万日元。

开业第一天,由于顾客流动快,所以客流不断,翻台率也很高,当初预设的六七名员工根本不够用。从第二天开始,餐厅的生意太好了,以至于我和甲方老板也都到后厨和大堂做帮手,一共10个人才忙得过来。

我们的菜单参考了在香川吃喝玩乐打卡必到的几家乌冬面馆的菜单,最终敲定了六七种经典乌冬面,每款都可以点大份、中份、小份。同时为了丰富菜品,我们还供应各种天妇罗和饭团。

在此基础上,我们也在菜单上做了一些改进。比如听说担担乌冬面现在在香川特别火爆,我们就马上去实地考察品尝,回到东京后就把它引入我们的餐厅,作为新品限定菜单推出。

另外,我们也很重视建立餐厅与香川之间的地域联系。我们执行并落实了客户(即 TOWN 情报志的成员)提出的一些企划方案,如邀请香川某知名乌冬面馆的老板前来,举办了"复刻某某乌冬面，只限当日"等活动，慕名前来品尝的食客络绎不绝。

▶敢于将"味道不稳定"的弱点包装成卖点

我们效仿香川本土的赞岐乌冬面馆，从面条到汤汁再到天妇罗，全部由员工纯手工炮制，但是这样做有一个缺点。

那就是：因为是手工制作，所以汤汁的浓稠度和面条的口感每天都不一样。**即使是同一个人按照同样的配方制作，每天做出的面味道也会不一样。**

因为"实在没有办法让味道稳定……"，所以我们放弃了标准化的想法，决定把这种差异包装成卖点。

"我们的面都是纯手工制作的，所以即使是同一款乌冬面，我们的师傅也会在每天为您呈现不同的美味！您更喜欢一周中哪一天的口味呢？"

趁着做出来的面口味不一，我们将计就计，在墙上挂上了这样的大牌子。顾客们被逗得哈哈大笑，进而经常来光顾，并纷纷发表"我更喜欢星期二的口味"之类的感想。

如果你想把"正宗地道"作为卖点，就要把这个概念贯彻到底，做到极致。正如我前面提到的，当时的大型商场里还没有地道的赞岐乌冬面馆入驻。得益于此，我提供顾问服务的第一家餐厅取得了巨大的成功，我按计划帮助他们经营了一年，之后就把餐厅交付给客户了。

此后，除了新店开张时我帮着筹备，餐厅基本都是客户自己在打理了，店里的生意到现在也都非常红火。

▶ 要了解每个厨师的脾气秉性

通过提供以上服务，我们帮助"东京面通团"成功掀起了香川赞岐乌冬面热潮，这家店甚至在电影 UDON（《乌冬》）中都有出镜。

这次的成功让很多企业慕名而来，委托我担任餐饮顾问，此后，我在餐饮顾问事业发展的道路上，也就越走越宽。

其中一项突出的业绩，是一家位于赤坂的烤肉店，经过我们的出谋划策，在经营上获得了巨大的成功，并通过我们公司成立了加盟店总部。在拓展连锁店的同时，我们收到了来自全国各地的、大量的经营烤肉店的顾问委托。

经营餐厅的难点在于，无论你策划了多么好的概念，开发了多么美味的菜单，或是无论你的餐厅所在的地段多么繁华，餐厅内饰有多么华丽，如果你没有足够优秀的员工去发挥它们的作用，餐厅往往撑不过三个月就倒闭了。

尤其是厨师这个行业，个性化程度比较高，他们自己的手艺别人模仿不来，对于厨艺的理解也各不相同，所以经营者有必要摸透他们的脾气秉性。

我的餐饮顾问事业之所以不断获得成功，其中一个原因**是我会在了解厨师的脾气后，用心做事，争取获得他们的认可。**

另外，**公司会委派厨师或经理到客户的餐厅支援，即使门店开业后，也会继续根据需要派遣员工到店提供周到的后续服务，以确保餐厅的盈利。**这也是我的餐饮顾问事业，能够迈向成功的因素之一。

在此期间，按理说我在餐饮顾问的事业上，已经走上了成功的道路，但在直营餐厅的经营上，我还是遇到了不少问题。

对于自己开的餐厅，我会产生一些无论如何都要经营成功的想法，然后把一切都倾注进去。这时候，我的冲动会压倒我的理性。下一节，我想谈谈我开的第二家直营店。

> **成功案例** 店里各式的黑糖烧酒一应俱全，并精选每一款味噌（千驮谷·黑糖烧酒居酒屋）

▶以集齐所有品种的日本黑糖烧酒为目标

2004年，在青山第一家店开业的两年后，我决定开第二家直营餐厅，这也是我一直以来的梦想。决定了第二家餐厅的主打味噌后，我就着手筹备。

我们决定采购青森的"雪味噌"、东京的"江户甘味噌"、福冈的"磨麦味噌"等12种来自日本各地的味噌，作为佐酒小料免费供应。为找到一款口味与味噌相配的酒，我们也做了许多调查。

经过调查我们发现，味噌和烧酒是绝配，正如鹿儿岛的谚语所说："味噌配烧酒，强盗来了不肯走。"

在烧酒制造业繁盛的鹿儿岛县出水市，有一块纪念碑，上面写着"味噌佐酒体无碍，爱妻捧壶又添杯"。这是日本东北部田园诗人石川理纪之助创作的诗歌。在鹿儿岛，人们习惯把这首诗里的酒解释为烧酒，而不是清酒。

在当时，烧酒的热潮还在持续升温，以 3M（魔王、森伊藏、村尾）为代表的高级酒，可以卖到 3 万日元一瓶，因此主打芋烧酒的店家很多。在烧酒热潮中，提供与其他店家同质化的烧酒服务是玩不出什么花样的［译者注：当时最有名的三家芋烧酒品牌分别是魔王（Maou）、森伊藏（Moriizou）、村尾（Muraou），因为它们日语发音的罗马首字母都是"M"，所以被消费者合称为"3M"］。

于是，我从当时特别喜欢喝的一款黑糖烧酒"长云一番桥"（山田酒造）中得到启发，准备在店里只摆放黑糖烧酒。并且打算开一家包罗所有黑糖烧酒品类的居酒屋。

但实际上，我们并不知道黑糖烧酒一共有多少种类和品牌。因为只有奄美群岛出产黑糖烧酒，所以我们认为最多也就 30 种……

▶去奄美的酒厂打开人际关系

我们在调查时发现，有很多酒厂都在蒸馏黑糖烧酒，只不过产品没有在内陆销售。走访了一些鹿儿岛的酒行后，得到的反馈是"店里只进了部分黑糖烧酒品牌的货"，品类不全。

于是我们便前往黑糖烧酒的故乡——奄美大岛。我们多次造访那里的酒厂、酒行，与业内人士边喝边聊黑糖烧酒、一直喝到天亮。一来二去，我与他们建立起了良好的关系。

即便如此，还有很多稀有品牌的黑糖烧酒，由于产量少，没有销往主岛，我们没办法得到稳定的供应量。但是，因为概念已经确定，所以搜罗当下所有品类黑糖烧酒的行动还是按计划展开了。

最后，我们在开业时，成功地把当时市面上的全部161种黑糖烧酒都集齐了。

我的计划是，在涩谷开一家只卖黑糖烧酒的居酒屋。当我们把这个想法告诉给奄美酒厂和鹿儿岛的朋友们时，他们非常高兴地给我们加油打气，还把仓库里难得一见的黑糖烧酒寄给我们，帮了我们很大的忙。多亏了他们，我们才能买到那几种当时已经停产的传说中的极品古酒。

像这样，**在关键时刻走进食材或酒的产地，表现出热情，并与商业伙伴建立起关系，都是开店成功的秘诀所在。**

▶免费续汤的午餐时段，与晚餐时段的经营情况落差很大

"味噌配黑糖烧酒概念店GALALI千驮谷店"的店址就位于原宿站和千驮谷站之间，距离两个车站步行都只有七八分钟的路程。和青山的那家店一样，千驮谷店也是由一间独门独栋的

房子改建而成的。当初在选择店址的时候，因为我对青山店附近一带都比较熟悉，所以很快就把目标锁定在了位于千驮谷某个路口的一处醒目的房产。

这一带做服装生意的企业很多，餐厅却屈指可数，中午吃饭的时候有很多人不得不排队等候。需求这么多，餐厅却只有几家。在这里开店绝对有得赚！于是我与房东协商，租下了那栋房子。

如前文所述，我们的门店概念是免费为顾客提供从日本各地精心挑选的 12 种味噌，作为佐酒小料与黑糖烧酒一起享用。由于"提供黑糖烧酒佐味噌的店很少见"，所以我们收到的采访请求比青山店开业时还要多。

我们的餐厅中午还供应红味噌、白味噌、综合味噌的味噌汤，可以无限续碗。我们的 29 个席位在午餐时段可以翻台 3—4 次，生意比我们预想的还要火爆。

可是，到了晚餐时段就出现了问题。每天的这个时段，餐厅几乎没什么客人，因此我们大约有一年的时间都一直处于亏损状态。顾客中午会过来吃午饭，但晚上不会过来喝酒。

不过，在更换了店长后，店里的营业额在一个半月内就从 450 万日元猛增至 600 万日元，摆脱了倒闭的危机。具体经过我会在第三章讲，**只要换一个店长，就可以让生意一下子回到正轨。**

▶如何应对麻烦不断的外国客人？

据日本国家旅游局统计，2019年6月访日外国游客数量为288万人次。曾预计在2020年奥运会时，访日外国游客的数量会进一步增加，所以店里也应该提前准备好接待外国游客的应对措施。

在GALALI千驮谷店，经常出现外籍顾客不守约的情况，比如预约了6个人的位子，实际却只来了两个人；或者预约了晚上7点5个人的位子，结果晚上10点才到，而且来了10个人；又或者预约了晚上7点来，结果9点才到，等等。

有段时间，我们青山店有很多外籍客人光顾，但很多时候到了预约时间却不现身，我们打好几次电话过去确认，对方也不接电话。就算接通了，对方也会理所当然地说："我在工作，等我忙完了就过去。"还有的客人根本就不点酒。

就算提醒客人"本店是有必须点酒的规定的"，他们也不理会。其他客人也纷纷抱怨那些人在店里大声喧哗、走来走去、骚扰女顾客。

此外，付款的时候，他们要用信用卡均摊费用。当时，信用卡结算是与电话线相连的，所以在信用卡支付期间，就不能使用电话了。另外，服务员不得不花时间帮他们一个一个刷卡付账，耽误了对其他顾客的服务。

如果在一群外国人中有一个负责组织的日本人（或精通日语的外国人），你可以和他们商量，尽量不要用信用卡均摊费用，而是要一个人先一次付清，离店以后再慢慢分。但是，如果全都是不懂日语的外国顾客，就会耗费员工大量的时间。

　　在日本工作的外籍客人已然如此，换成外国游客，可能会有更多的餐厅应付不来吧。

▶根据门店概念灵活转变接待客人的思路

　　出于上述情况，我们的青山店目前不接待纯外国客人的团体。我们这样做也是无奈之举，因为不这样做，就会耽误服务本地客人的时间，没办法招待好他们。

　　通过酒店礼宾部介绍来的外国客人都很守时，而且大多数都喜欢安静地用餐，所以有些餐厅对这样的外国客人很放心，愿意接待他们，但具体情况只能由各家餐厅自己来判断。

　　这种"挑客、拒客"的态度，是由我们这家只有 30 个座位的青山店的性质促成的。热酒、熟成酒与日本料理之间不同的搭配，可以变化出不同层次的风味。为了让与本店的理念相契合、同样对味觉体验有着极致追求的老饕食客们，能够充分地享受到满意的服务，我们不得不做出这样的决策。

　　而另一方面，为了宣传与味噌很搭的鹿儿岛奄美地区的黑糖烧酒，我们的千驮谷店则非常欢迎外国客人的光临。

这就是我们根据门店概念灵活转变接客思路的过程。在千驮谷店，我们计划把单品料理模式换成更方便外国顾客就餐的套餐模式。

▶如何应对客人"爽约"

预约的客人不按时赴约让人很头疼，但对于餐厅来说，更严重的是客人"爽约"。比如，最近新闻就报道过一个事件：一个客人预订了十多人的宴席，店家做好了准备等待客人光顾，可是时间过了也没有来，拨打预留的电话号码也没人接。顾客无端爽约会给餐厅造成很大的损失。

在我的餐厅，我们会通过短信或电话与顾客联系确认，如果联系不上，我们就会判断为"可疑"。如果在前一天晚上10点前还无法联系到顾客，我们就会主动取消预约（当然，我们在客人来电预约时就会告知顾客，如果前一天没有敲定，就等于自动取消预约）。

如果被取消的是由固定菜品组成的宴席，虽然部分食材可以转卖给别的客人（即使这样，也可能因为备菜过多而造成损失），但如果是专门购买的保鲜时间很短的特殊食材，就会全部白白地浪费掉。

我有一个朋友是开烤肉店的,他的店里发生过这样一件事。有个客人预订了20人位的宴席,而且还是包含高级品牌牛肉的豪华宴席。我的这个朋友干劲十足地做着准备,还进了不少一般菜品完全用不到的高级和牛,可到了当天客人根本没来。

而且那个人预约的是周五晚上的营业高峰期,当初为了给他留位子,店里连其他客人的生意都不做了,可谓损失惨重。

▶擦亮眼睛,防备恶意爽约

就我从新闻上了解到的来看,店家遇到的爽约,很多情况是大学生预约了聚餐、派对后又放店家鸽子,但其实也可能是来自同行的恶意捣乱和骚扰。

我的餐厅也遇到过恶意预约。有一个经常来吃午餐的顾客,总是故意找碴,我其实知道他是附近另一家餐厅的店长。

有一天,我接到了一个预订晚餐位子的电话。我仔细一听,发现是总来我们店吃午餐并有诸多挑剔的那个人的声音。

我有种不祥的预感,但我还是按照他说的准备了一套宴席料理,可是到了预定时间,人却没有来。

后来,在他又来吃午饭的时候,我就问他:"某某先生,你那天晚上没来,是不是因为有什么急事啊?"他听到这话后,显得很慌张。

他可能以为没人会知道，但其实我们早就看透了。

从那以后，他就不再来了，他的店也很快倒闭了。我想，这可能是因为他把心思都用在怎么搞垮同行上了，而忽略了精进自家的门店。

虽然有的店会规定："预约如果是在当天取消的，顾客也必须全额付款"，但是很多情况下，还是店家最后自认倒霉。

所以顾客要是预订两三个位子也就罢了，但如果是预订一定量的位子，就最好至少提前一天与我们联系确认。

对于那些联系不上无法确认的顾客，先不说他们与本店的理念契不契合，这种行为本身就是不文明的。**有时，当店里接到大宗团体预约订单的时候，如果只是客人单方面联络餐厅，而餐厅这边联系不上客人，餐厅老板就必须擦亮眼睛，留心这一单是不是靠得住，有没有爽约的可能性。**

> **失败案例**
>
> 半年内倒闭，负债2亿日元！"埋下了陷阱"的第三家店的悲剧（代官山·大型日料居酒屋）

▶我想在高级时尚住宅区开一家大型餐厅

我一直在青山和千驮谷经营着自己的直营餐厅，与此同时，也不断有餐厅顾问的工作进来，我每天都过得忙碌而充实。

餐饮业之间的横向联系，比我想象中的还要广。

"你的餐厅最近怎么样？"

"我向一个叫重野的人进行了咨询，他给了我一些改善经营的好点子后，营业额就上去了。"

"是吗？那你也把他介绍给我们吧。"

就这样，靠着口口相传，我接到了不少顾问的工作。

我的顾问工作，大部分都是靠口碑接到的。我曾经服务过的餐厅老板，会又把我推荐给想开餐厅的朋友，或是想要重振事业的同行们。

正如我之前所说，特别是在由我担任餐饮顾问的新宿赞岐乌冬面获得成功后，其他的老板们也都开始打听："你请的顾问是谁啊？"然后也来委托我做他们的顾问。

给各种各样的餐厅出谋划策，很有意思，也很有成就感，不过我觉得是时候开启我的第三家直营餐厅了。

我原本的计划是，第一家店主打盐，第二家店主打味噌，第三家店主打酱油，但是我想可能每个人都已经猜到了："你下一家店肯定是主打酱油"，所以我决定打破我原本的计划，偏要让他们猜不到。

另外，我的第一、第二家店都是小型的餐厅，所以接下来我想尝试开一家大型餐厅，来扩大我的事业版图。于是，我就开始在惠比寿一带寻找大型的商铺。

但是果不出所料，在餐厅林立的惠比寿，很难找到一个理想的铺面。最后，我找到了一个从代官山步行一分钟即可到达的商铺。我一眼就相中了这里，很快便租下了它。这里位于地下一层，面积为70坪（约230m^2），是一个可以容纳多达120个餐位的大型商铺。

我决定将第三家店打造成"集前店之大成"，即做一家将前店所有的盐、味噌、清酒、烧酒（包括黑糖烧酒）都包罗进去的餐厅。

本店的菜品也很特别，主打的肉类料理中，使用的都是与冲绳农场直接签约的自有品牌牛肉"GALALI 牛肉"。我们还为客人准备了以鹅肝代替牛脂的"GALALI 牛肉寿喜烧""GALALI 牛肉熔岩板烧烤"等独家特色菜，这些都是在其他店里吃不到的。

另外，我们还设置了大型展示台，客人可以在那里亲眼见识到厨师用一把刀处理金枪鱼或鲥鱼的高超厨艺。

因为我的第一家和第二家餐厅，虽然距离车站有步行七八分钟的路程，方便程度打了折扣，生意却一直都很好，所以在2005 年 7 月，我满怀信心地开了这家餐厅，自认为"餐厅离车站只有一分钟的路程，就算什么宣传都不做，也会有客人上门的。"

▶我脑中只有对"代官山"的印象，并没有去实地考察

迄今为止，我已经参与了 200 多家门店的经营，有的是自己当老板，有的是做顾问。此时的我，已经非常了解**开店前进行市场调查的重要性**。

但是在当时，我**一心想着"从代官山站步行 1 分钟就能到"的便利性，所以没做任何调查就决定租用这个商铺**。结果到头来，根本没有达到预期的客流量。

代官山站前有一栋大型的高级公寓楼，能住在那里的都是

有钱人，我预估这些客人肯定会来我的店里消费，于是我把客单价定在5000—6000日元，只比青山店略低一点。

当时的代官山有很多受学生和年轻人喜爱的服装店，不过，他们来这里逛街是不会进入高档餐厅消费的。我们也无法招揽到当地的顾客，所以餐厅无论在午餐时段还是晚餐时段都是门可罗雀。

客人对GALALI牛肉的反响还不错，所以店里能借此招揽一些回头客，无奈营业额还是没有达成大型餐厅应有的目标。

当时，由我担任餐饮顾问的餐厅一个赛一个红火，我应该是有些膨胀了，以为自己随便开个餐厅，就会顾客盈门。

其实，在我租这套商铺的时候，所有员工，包括兼职人员都亲自去实地看过，但所有人都无一例外地持反对意见："客流还是太少了""换个地方比较好"。但我非常坚持："青山店也是这样啊。想办法揽客就行。"没能听进去他们的意见。

其实，**我应该对商业圈人口进行调研，严格地根据翻台率，预估出营业额，并按照第四章里介绍的方法，制定出稳妥的计划**。

中途，我们把学生也纳入了主要的目标客户群体，开始供应500日元以下的午餐。目标群体倒是吸引住了，增加了许多学生顾客，但店里每天只是忙碌却并不赚钱。晚餐的定价和学生客源不匹配，午餐时段看似热闹的场景，并不能带动晚餐时

段的消费。

事后看来,"集大成"这个概念也很莫名其妙。第一家店和第二家店因为规模小、个性化强,所以像"盐和清酒""味噌和黑糖烧酒"的搭配都很有市场。但如果把盐、味噌、清酒和烧酒一股脑儿地全放上去,眼前一亮的感觉就会减弱。

在顾客眼里,我们可能只是一家对调料和酒稍微讲究一点的普通居酒屋。

▶冷冷清清、没有生意的大饭店,就像一个仓库

没有顾客,员工的士气自然会低落。后厨甚至有人开始在工作时间喝酒。

店里的气氛越来越差,这是一个恶性循环。房租约200万日元,加上人工费、贷款等费用,店里每月的亏损达到了500多万日元。

我们的菜品本身很受好评,店里也足够宽敞,所以在某些方面是不差的,其间还有艺人朋友在演唱会结束后选择来我们这里聚餐。

年轻女歌手和人气超高的摇滚乐团,都多次来店里举办演唱会后的庆功宴。在这里插一句,我们从代官山撤店后,他们也会光顾青山店。他们有时会问:"你们这里还有代官山的GA-

LALI 牛肉料理的菜单吗？"

不久以后，我越来越灰心，虽然期盼着"店里每天都能有举办庆功宴之类的团客订单"，但这也只是痴心妄想。眼前的现实是，偌大的餐厅里，只有一两拨客人。当顾客很少的时候，一点点声音就会听起来很响。顾客说话时会不自觉地压低声音，显得很不自在。

店里的天花板高达 5 米，就像《哈利·波特》系列中的图书馆一样，一排排酒瓶摆满一整墙，呈现出一幅店员取酒得用梯子的景象。

不过，因为顾客太少，店里没有呈现出时尚的空间，反而给人的感觉是仿佛在仓库里喝酒一样。

▶悔不当初，没有进行地域调查——甚至还有来吃霸王餐的说"我们可是住代官山的！"

代官山店的前面就有一个高档的超高层现代公寓楼，本来希望那里的住户能到店里来消费，但当我重新做了市调后，发现里面居住的大多是生活简朴的老年夫妇。

当然，也有人曾经来店里光顾，但可能是我们的价格定得太高，所以发生过下面这样的事情。我在餐厅的柜台前为他们服务，对方却莫名其妙地说："今天我告诉了你，餐厅如何才能在代官山生存下去，所以可以给我免单吧？"我们当然没有同意。结果对方却说："跩什么，我们可是住代官山的！"然后直接离开了店里。

事情发生在我没有精力拦住他们的时候，后来我也没有再追讨这笔钱。

银行给了我们一大笔贷款，最后欠下了 2 亿日元的债务，为了不拖累其他直营店，在经营了半年后我们就把这家店关了。

开店之初，我非常有激情："不去惠比寿或中目黑，就以代官山为起点，把店面做大做强。本公司的成败就在此一举！"

但是，我仅凭对当地的印象就对开大型餐厅盲目乐观，高估了店里的流水，概念和定位也与当地居民完全不相符，简直太失败了。

代官山的这次失败给我带来了很大的心理阴影，以至于我开车路过那一带时，都感觉很不舒服。甚至在家里人看的古装剧里，听到"お代官（大人、大老爷）"这个词，我都会捂住耳朵。

> **失败案例** 以为不用出设备费，结果却自讨苦吃
> （神户·日料居酒屋）

▶为了方便以后发展加盟店，我这次决定做"丸子串烧"

代官山店最终以负债 2 亿日元的巨大失败告终，接下来我还是讲讲，在那之前就已经决定的，开在神户的一家日料居酒屋吧。

该店的店址，选在了有大品牌服装量贩店入驻的一家商业设施内。我们的理念是：神户在阪神淡路大地震后经济停滞不前，我们的餐厅要作为复兴项目的一环，为已经成为鬼楼的建筑注入活力。

一天，千驮谷店的一位老顾客表示，他的公司会支付内部装修和设备的费用，问我们要不要在神户开一家餐厅。我们请他事先提供了商业设施内入驻的店铺，以及客流方面的信息。考虑到不用出设备的费用，而且设施有大品牌服装量贩店进驻，人流量大，所以我们欣然接受了他的邀请。

不过，和第三家店一样，去实地考察的员工回来报告说："社长先生，糟糕了。那边是一个'鬼城'。"原来，那一带只有周末才有几个游客，平日里大街上都是空的。

我曾经乐观地认为，这家餐厅的投资不大，成本很低，有望能填补代官山店的亏空。但现在，一丝焦虑却悄悄地涌上了心头。

不过，项目既然都已经敲定了，就没有退路了，于是我决定用"丸子串烧"作为这个面积 35 坪（约 115m²）餐厅的招牌菜。因为在青山店和千驮谷店，最受欢迎的菜品就是"丸子串烧"。

在当时，大概没有一家居酒屋能提供牛肉串、猪肉串、鸡肉串都各有 10 款不同口味的"丸子串烧"，也就是说，在我们这里，光"丸子串烧"就有 30 种口味。我们计划以此为卖点，以神户为起点，向关西地区拓展业务。

"如果能在大阪开起一家主打'丸子串烧'的 20 坪左右的街边店，是不是就可以在关西地区开一系列加盟店了？"

抱着试一试兼做调查的心态，我们开了这家店。

如果我们这次能够在综合商业设施里成功开店，那么接下来在类似的商业设施拓展更多的店面就更容易了。因为是我们一个老客户的公司出钱装修，所以开餐厅的成本很低。开店的条件正好适合我们做实验。

▶在恶劣的环境中再怎么挣扎也是徒劳无功

　　因为考虑到要发展特许经营（加盟连锁店），所以我们设计了一整套能够大量生产"丸子串烧"的经营系统。我们和一家肉店签订了合同，让他们按照我们的配方制作丸子串，门店只需要把丸子串烤熟就可以了。这是一种只需在店里完成最后加工的简单的经营模式。

　　但是，我冷静下来后才意识到，在当时那个冷清的商业设施里，几乎没有人会在那里一边品尝丸子串烧一边喝酒。

　　在原本就人烟稀少的鬼城，搞一个概念也不怎么吸引人的丸子串烧店，等于是开"鬼店"来博一把，这种挑战属实没有必要。

　　尤其是平日里，顾客真的很少，只有在商业设施里上班的人才会来，因为他们觉得"出去吃太麻烦了"，所以我们的店简直成了一个职工食堂。

　　由于店内空间比较大，所以我们也在店里出售过"GALALI围裙""GALALI T恤""GALALI毛巾"以及原创餐具等周边商品。我们还卖过味噌、味噌面包、味噌铜锣烧等吃食。但因为没有顾客，自然也就卖不出去，所以我们很快就关闭了这个柜台。

有一说一，味噌面包和味噌铜锣烧的反响其实不错，销量也不错。我们原本委托当地一家点心店，用我们原创的配方制作铜锣烧，但却发现他们擅自在网上销售。这种纠纷也降低了我们的斗志。

▶切记选址前做好充分的调查

店面明明处于"鬼店"状态，但店里包括公司的人在内，却一共有五个店员，人员实在是太多了，人工成本很高。

后来，大约过了一年，我们就不做丸子串烧了，而是改变经营模式，换成了三个兼职店员就可以忙得过来的油粕乌冬面馆。然而，店里还是一直在亏钱。

合同上说："作为支付内部装修工程款的交换条件，租客必须租满7年。如果关了店，剩下的工程租金要一次性付清。"但当时我们在代官山的店生意非常差，确实没有钱赔付。

因为开店两年来一直处于亏损状态，所以我做出了关店的决定。经过一番交涉，商场终于给我们免去了室内装修的费用。然而，这样的撤店条件，我们花了3—4年时间才谈妥。

到头来，我们被开店的低成本所吸引，却忽略了进行详细的市场调查和制订商业计划书（见第四章）。想要在商业设施里

成功开店的私心，是我们失败的原因。

代官山的债务，和在神户丸子串烧店收拾残局的拉锯战，让当时的我，身心都已经疲惫到了极点（不过，这时的丸子串烧后来会帮助另一家店复兴，这一点我将在第二章中谈到）。

失败案例 一家完全抄袭我们味噌概念的店（银座·日料居酒屋）

▶ 有人想参考 GALALI 店的概念，在银座获得成功

曾经有位大公司餐饮部的熟人问我说："我们想在银座开一家像 GALALI 千驮谷店那样，以味噌为卖点的居酒屋。我可以拿你们的店做参考吗？"

这并不是正式的顾问委托，而是希望我们同意他们模仿。因为对方是我们重要的常客，所以我允许他拍摄了室内装饰和厨房，我还把菜单给了他。

半年后，听说餐厅开张了，我就去看了看。到了那里之后，我惊讶地发现，这根本不是参考，而是彻头彻尾的抄袭。

这是一家拥有 80 多个席位的大餐厅，味噌品种也比我们千驮谷店的 12 种多了不少，有 30 种之多。由于地处银座，餐厅的外观也是高端大气上档次，老板还花了很多钱做营销、做广告，在媒体上宣传。可后来，他们的店只撑了一年就倒闭了。

我替他们觉得可惜，心想："如果你正式找我做餐厅顾问，结果就一定会不一样。"

在餐饮行业，一家店如果做得很成功，便会有其他人过来照搬。这样的操作已经是家常便饭了，这就是现实。但做一门生意，只抄袭表面，比如菜单或装修，是不行的。比如，千驮谷店为什么选择味噌作为卖点呢？其实在这背后是有明确的目的、使命和故事的，所以我们才会得到味噌酿造厂、味噌协会和顾客的支持。

在这个案例中，我们向对方公开了所有与 GALALI 店有业务往来的味噌供应商的信息，但那家店只是在表面上模仿了我们的菜单和氛围。另外，那家店是在 GALALI 千驮谷店被媒体报道，已经有了相当的名气之后才开的，所以即使把味噌的品种增加一倍，熟悉的顾客也免不了会觉得没有新意。

也就是说，**他们本来应该考量，银座是否需要一家以"味噌配黑糖烧酒"为核心概念的大型餐厅。**

如果是不以特定人群为目标的大店，那就应该摸索出一个能吸引更广泛的顾客群的概念。

▶跨行业进军餐饮界需要专业人士的帮助

餐饮顾问为客户提供支援的方式有很多种。

比如说，主厨独立出来，以老板兼主厨的身份开餐厅，其实他的概念就已经定下来了，比如他擅长日本料理或法国料理，那我们就按照这个概念来协助他开店。

另一方面，跨行业的企业转开餐厅时，对顾问的委托，从零基础的咨询——如"我们做哪种餐厅比较好呢，是做日本菜、意大利菜还是中国菜呢"，到大方向既定的指派——如"社长喜欢喝葡萄酒，所以想主打葡萄酒"，什么样的都有。

如果你要问我，给哪一种客户做顾问成功的概率更高？我会说，由厨师或有餐饮经验的人开的餐厅，成功的概率更高。

老板亲自在厨房等一线部门工作，可以减少这部分的人工成本。有餐饮经营管理经验也是优势。

而且最重要的是，**他知道经营一家餐厅有多难，他有强烈的意志，在面对困难时也坚信自己一定会成功。**

另一方面，跨行业进军餐饮业容易失败的原因是什么呢？

跨行业的企业或个人在开办餐厅之初，往往会出现"做无用功"的情况。**这是一种请从未经营过餐厅的亲戚朋友来帮忙开店的"经营模式"。**

老板请朋友做设计师或平面设计师，老板娘请朋友做料理负责人，一起打造餐厅——如果就这样任其发展，会怎么样呢？

比如，根据我的经验，有餐饮业一线工作经验的料理负责人并不多。

一个由不考虑成本和操作的人制作的菜单，也许表面看起来很不错，但可能因为食材不能用在其他菜品上而造成成本过高。此外，现场也会发生手忙脚乱的情况，比如一下子接到50份订单，无法顺畅地出单等。

此外，在有的餐厅里，菜单设计、高档厚重的餐具，以及里面的菜品，还有餐厅的内部装修，风格全都是割裂的。换句话说，餐厅没有统一意识的例子太多了。

当有人请你担任餐厅顾问时，在会议上对你说："**我女朋友会帮我设计菜单，这方面就交给我做吧。**"这种情况就是在埋雷。

一旦接下一个项目，我们就绝对要把它做成功，所以我们别无选择，只能在说明原因的同时，与客户摸索出最佳方案。

此外，**跨行业开餐厅，还要聘请新的店员。不仅需要大量的资金用于招聘和培训员工，还需要懂得如何在没有实战经验的管理层和一线员工之间建立信任关系。**

像这样，在接到跨行业客户委托的餐饮顾问工作后，有许多必须克服的障碍。

成功案例 拯救了一家由毫无餐厅设计经验的设计师设计的灾难性餐厅（大阪·盖浇饭餐厅）

▶开店前的改造工程，让费用翻倍

上文我提到，老板找熟人做料理负责人会埋雷，而找熟人做设计师，也会是个坑。

如果一个人只做过普通房屋或服装的设计，那么他设计的厨房会让厨师们工作不便。

他们可能研究过，"在餐饮行业里，柜台的高度应该是××厘米左右"，但他们往往会把厨房做得太大。

另外，有的时候在他们设计的厨房里，灶台旁边没有收纳盘子的空间，厨师每做好一道菜都要去取一趟盘子，频繁地来回走动；厨房里没有沥干餐具的地方，餐具和锅的储物空间也不够用。

相反地，熟悉餐厅的设计师在设计厨房时，就会考虑到厨

师的需求，比如转身就可以放锅，不用来回走动浪费时间。这样，人少的情况下也忙得过来。

我曾经接到过这样的一份顾问工作，那是开业在即的一家有150个席座的大型餐厅。客户表示："我们没有上菜的空间（料理从厨房到大厅过渡的地方），也没有沥干餐具的地方。钱的方面不用担心，但需要在开业前改造好！"

那是一家供应盖浇饭的餐厅，当我们实际看到厨房时，也觉得非改造不可。改造工程是在所难免了，包括减少座位数量，拆掉一部分墙壁和柜台。

虽说是卖盖浇饭的店，但店里根本没有煮饭的空间，更别说放熟米饭的空间了。

于是，我们想了个办法，不直接在餐厅里煮饭，而是请供应商供货，总算是赶上了开业的时间，获得了客户的感谢。

顺带一提，这家饭馆的老板就是一个没有餐饮业相关经验的人。

▶开餐厅要秉持"一定要赚钱"的信念，而不能仅作为一种爱好

正如我之前所说，"餐饮顾问"的工作有很多方向，包括支

援一家完全从零开始的新餐厅开业；或者派遣人员整改现有的餐厅，以及更新内部装修和设计作业流程。

一个餐厅的成功有很多秘诀，其中"拒绝玩票"是必不可少的。

"我老婆的厨艺很好，我让她来提出菜单。"

"我想让店里的菜好吃又实惠，所以少赚点也没关系。"

"老板每个月花在交际应酬的费用都有几百万日元了，这一定会转化成利润的。"

"下一家店是拿来做实验的，我们会在其他店赚钱。所以亏损了也没关系。"

乍一看，客户的这些话都很理直气壮，但如果抱着"玩票"的心态开餐厅，到头来都会失败。如果餐厅真的做失败了，他们就会忘记那些话，开始抱怨"为什么赚不到钱呢!"。

曾经有个老板对我说，出于个人喜好，他想把家里最喜爱的巨型吊灯挂在店里。他给我们看了那个吊灯，但那和餐厅的经营模式以及门店概念根本不搭。我们花了很多时间才说服他放弃了这个想法。

虽然我们餐饮顾问是站在客户一边，来帮助他们实现梦想的。但是，既然我们有责任让他们的餐厅成功，我们就会认真思考，直言不讳，提出替代方案，并采取行动。然后，让餐厅的生意长期红火。

客户对于我这种信念的信任,已经传遍了整个餐饮行业。我想,为此,我才拥有了为200多家餐厅做顾问和提供咨询的实绩吧。

第 2 章
由菜单决定的成与败

> **成功案例** 放弃了"纯手工细作"的概念后,销量反而上升了(筑波·荞麦面居酒屋)

▶"正宗十割荞麦面"遭人厌

代官山的直营店遭遇了重大的失败,但我的餐饮顾问的事业却很顺利(幕后细节会在后面介绍)。现在是一个新餐厅层出不穷的时代,所以我想让门店在开业初期就让大众有深刻的记忆点。我希望在餐厅开业后短短三个月的时间内,就能够让客户满意,实现盈利。

为了实现这些目标,我构思出门店概念,制定了商业计划,并全力打造了一家在该地区唯一类型的餐厅,受到了客人们长期的喜爱。获得成功后,紧接着我就想再开一家直营店。

我想这就是一个餐厅爱好者的执着吧。

于是,2007年,我抱着"这次一定成功"的决心,在筑波开了一家直营餐厅。这是一家主打纯手工十割荞麦面的荞麦面馆,我还特地从东京招来了厨师。

因为选址不在市中心,所以餐厅的定位是一家便宜实惠、好吃不贵的荞麦面馆。门店的概念是:"在东京以这个价格,绝对吃不到的纯手工十割荞麦面"。但后来经过调查我们发现,当地人对餐厅的评价并不高。

即便如此,我们还是坚持卖了一年的特色纯手工十割荞麦面,但顾客数量始终没有增加。于是我有了卖掉餐厅的想法,考虑要不要转让给餐饮行业的朋友……但我最终打消了这个念头,重新做出了一些调整。包括只用兼职员工,降低了人工成本;不再用手工制作面条,而是像车站的立食荞麦面馆那样,从供应商那里采购面条和汤头,让操作流程更加简单。

当时,**我们会请当地的顾客试吃各种荞麦面,从中了解他们喜欢什么样的荞麦面**。结果发现,他们更喜欢口感爽滑、类似乌冬面的荞麦面。

此外,**比起特别讲究荞麦粉和香味的纯手工十割荞麦面,以及从供应商那里采购的二八荞麦面,当地人更喜欢吃的是五五荞麦面**(译者注:"十割荞麦"就是以百分之百全荞麦粉来制面,"二八荞麦"则是用两成小麦粉、八成荞麦粉的原料比例来制面)。

而汤头方面,相对于味道浓郁的传统江户汤头,清淡甜口的汤头更受青睐。

我用心选择的正宗纯手工十割荞麦面,却不是顾客想要的。

当我意识到这一点后，我立即采取了行动。

我们请一家面条厂重新做了一种荞麦面。制面的荞麦粉虽然只有五成但香味不减。我们还在从供应商处采购的汤头中，加入了昆布海带和鲣鱼干片，为汤头添加了醇和的味道。最后，终于得到了一碗爽滑可口的荞麦面。我们的荞麦面在当地渐渐有了"很美味"的好评，店里也开始赢利了。

要知道，每个地区都有当地人习惯的口味，**精心烹饪的菜品不一定是顾客的最爱**。从这一经验出发，**我开始研究当地的口味偏好，努力打造受当地人喜爱的餐厅**。

▶一骑当千！优秀的兼职学生们拯救了这家店

我曾经一度犹豫要不要把这家 GALALI 筑波店卖掉。其实，餐厅后来扭亏为盈，不只有荞麦面转型这一个原因。

筑波是筑波大学的所在地，来店里兼职的学生只需学习一遍，就能熟练掌握操作流程。

而且，学生学会了操作后，不用再教什么，他们自己就能够对各种事情做出判断，主动地把店里的生意做起来。

得益于此，我们的人工成本大大降低了，因为原本是要从东京派几个员工过来，但现在店里只有一个正式员工做店长，剩下的工作都交给兼职人员了。这家店成了我们旗下最赚钱的直营店。

成功案例 两年后通过改变经营项目、PR营销吸引顾客的神奇餐厅（大阪·大型居酒屋）

▶根据流行趋势迅速转型的网红餐厅

有一家很有商业头脑的餐厅，他们把各种网红菜的热搜关键词，加入到餐厅的名字里。吸引了许多通过网络搜索、前来预订多人宴席或聚餐的团客，取得了成功。

比如，当熟成肉流行时，他们就把店名改为"××（店名）熟成肉"（译者注：所谓"熟成肉"，指将新鲜的肉类放在指定的温度、湿度下自然发酵，使其更具有风味、更柔软易嚼）。

当松饼流行时，他们就把店名改为"××（店名）松饼"，并更换主打菜品，通过各种店名，成功地推广了店铺。

他们的商业策略是，每家店都花了几十万日元在美食网站上做广告，这样的广告费对于普通的餐厅来说算是"天价"了。这家餐厅以20多岁的团客为目标群体，通过登上搜索结果的前几位，让他们容易看到并预约；并且将酒水自助（无限量畅饮）套餐的客单价控制在 3000 日元以下。

过了两年，等一种网红菜的热潮过去了，他们就用下一个流行的关键词给餐厅命名，花几百万日元重新设计菜单和招牌。换句话说，他们一直重复着开一家新餐厅的过程。

还有的企业，会采用类似的方法，经营一个又一个拥有热门经营模式的加盟店，并在流行周期较短的餐饮行业中成长发展起来。

这些都是资金实力雄厚的商家才能做到的开店模式。

▶招牌可以帮助餐厅引流？

我上面提到了"重新设计招牌"的例子。其实有的情况下，只要改变外墙招牌（或立牌）就足以增加客户数量。

您可能见过一些看了也不知道是什么店的招牌吧，往往一些独立经营的小店会这样做。

比如"海鲜居酒屋重富"，为了体现出雅致的感觉，店家会省略掉"居酒屋"，或者用小而设计感强的字体，只写"重富"二字。

但是，对于这样的招牌，即使你看到了，也不明白这是一家什么样的餐厅。如果是高级经营模式的"私房菜馆"的话还可以理解，但如果是比较大众的"居酒屋"或"海鲜居酒屋"，最好用适合自身经营类型的设计和字体来吸引客人，让人即使从远处看，也能明白这是一家什么样的餐厅。

一般情况下，对于那些很难看到内部环境的餐厅，顾客会觉得这家店"门槛很高"，然后敬而远之。即使外面有菜单或黑板，如果看不到里面的气氛，他们也会踌躇不前。

这种情况下，只要在外墙招牌（或立牌）上贴上餐厅内部的照片，再附上对餐厅的简短介绍，就很有可能将营业额提高10%—15%。

我们在神户经营失败的那家"丸子串烧"餐厅，上面的招牌做得相当大，足足有180cm×120cm，但在"GALALI"的大商标旁边，只有一个小小的"神户"字样。

自然，顾客就无从判断这是一家什么样的店了。究其失败的原因，一方面是因为商业设施本身已经变成了鬼城模式，另一方面是因为顾客的抵触心理，他们都不知道这是什么餐厅，所以自然不愿意进店了。

现在回想起来，我觉得当初开神户店的时候，招牌上就不应该主打店名，而应该把重点放在"30种口味的丸子串烧"和"油粕乌冬面"上。

虽然餐厅经营失败了，不过这样的反思，也给我后面连续接到的餐饮顾问工作，带来了很大的帮助。

成功案例 外国客人也能看得懂的招牌，让营业额上涨（新宿·猪排饭餐厅）

▶在有的地方，英文标识可以吸引更多顾客

我们手里有这样一个案例，位于东京新宿的一家猪排饭餐厅，在招牌上增加了英文标识后，营业额就提高了。当时餐厅已经奄奄一息，濒临倒闭，但在开始做运营咨询之前的一次调查中，我们发现附近经常有外国人来来往往。

我们注意到了这一点，就**在招牌上写上了大大的英文，试着吸引他们。**我们还制作了带英文的菜单。因为是猪排饭餐厅，顾客也不会问很复杂的问题。

一般他们的问题也只限于"肉的周围是什么东西（指着面糊）？""黄色的东西是什么（指着日式芥末）？""肉里面是粉红色的，这个熟了吗？"等等。

另外，对于一些不容易用英语解释的信息，如产地、制作方法等，我们也提前把它们翻译好，印制在了菜单上。

在接待顾客方面，我们制作了一份 A4 纸大小的简单英语会话手册。这样一来，即使是不会说英语的兼职服务员，也可以用不太流利的英语应对客人了。

于是，**我们只用了最基本的英语，就开始陆续招揽到外国客人来餐厅用餐了。这些客人把在餐厅用餐的照片上传到社交网络后，我们店的口碑开始发酵**，进而收获了更多的客人。

这样的举措，只有在猪排饭餐厅才能做到。如果你开的是居酒屋，菜单多，客人对食材和烹饪方法提出的问题也多，接待起外国客人就没这么容易了。如果你想招揽外国客人，就需要想其他办法。

▶用符合餐厅特色的艺术字吸引眼球

在上一节中，我谈到了一个仅通过"修改外墙招牌（或立牌）"就能提高营业额的事例。我的很多客户都会关注这个方法，因为这样做有可能仅花费很少的精力，就能够大大地提高营业额。

关于招牌，还有下面这个案例。

在湘南有一家咖啡馆，外面只有一个写着店名的小招牌。不过，因为招牌很不起眼，店面又是由独栋小屋改造的，所以别说是咖啡馆了，从外面看甚至很难看出这是一家餐厅。于是，我们帮他们换了一个写着"咖啡馆"的招牌，还在上面画了意大利面。仅此一项措施就让店里的营业额提高了。

还有一种吸引顾客的方法——最近有很多餐厅会把黑板上的菜单，用粉笔画成图画加文字的样子。一般是由擅长粉笔画的店员或兼职人员写上去的，他们可以称得上"粉笔艺术大师"。

如果你多去几次你喜爱的餐厅，观察一下写菜单的黑板，你就会发现他们写得越来越好看。写得越多，手艺就越棒。

如果是拉面馆，浓重的书法体就会让面看起来更好吃，也显得更醒目。如果是西餐厅，可以使用简洁的字体和设计。如果是居酒屋，可以使用圆润的字体，来营造温馨的感觉。在餐饮行业，甚至**有专门的公司会为餐厅设计出与其经营模式、门店概念相契合的独一无二的字体，并用它来制作招牌。**

除了黑板，也可以在菜单上做文章。

可以在菜单上使用易读的字体，再配上图片，让人一目了然；也可以大胆地使用个性的字体，让人赏心悦目。还可以用漂亮的手写体，把菜品写在卷轴一样的纸上制成菜单，营造出一种高端的感觉。

以前在 GALALI 千驮谷店，员工们都是用毛笔在纸上写下当日限定的菜单，随着不断地书写，他们的书法水平也越来越好，练就了一手好字。

另外，为了增加员工和顾客之间的交流，我们只在菜单上写了最基本的信息。

"这是什么菜？"

"您好，这是今天刚从三陆直接运来的鱼……"

为了促成类似的对话，我们才进行了这样的设计。

招牌和菜单，都是餐饮业者与顾客沟通的工具。

成功案例 在店内墙壁上画上喝啤酒主题的装饰画，增加了夜间时段的营业额（池袋·拉面店）

▶ 用视觉信息刺激顾客的食欲

曾经有一家拉面馆向我提出过一个委托："我们想提高夜间时段的营业额，所以想请您帮忙设计一个促销酒水的方法……"

这家餐厅里灯火通明，到处贴的都是风景照的海报。我们首先做的，是把它们全部撕了下来。然后，把墙面故意做出有点脏的感觉，接着在墙上画上一些风格比较粗犷的插画。插画的主题包括了可爱的猪用大啤酒杯喝啤酒、吃煎饺，最后再来一大碗拉面的故事情节。

我们还把灯光调暗了一些来配合气氛，后来啤酒的订单量果然增加了，达成了客户的预期。

人们会把映入眼帘的事物，不自觉地当成信息接受进来，所以有越来越多的顾客，一看到墙上的插画，就决定先点啤酒

和煎饺。

原本的餐厅明亮整洁,不会让人产生想点"啤酒配煎饺"的欲望。所以我们把灯光调暗,再画上很接地气、让人放松的插画。

同样地,**有一家中餐厅也有"提高啤酒销量"的需求。我们建议店里增加一些辣味的菜品,并将其作为推荐菜。后来,酒类销量果然随之提高了。**

想不到,"只需一点小巧思"就能提高营业额。但也有可能因为"一点点细节上的疏忽或考虑不周",就会导致营业额下降。这就是开餐厅不容易的地方,但也是真正的乐趣所在。

失败案例 抄袭"GALALI"的大餐企的案例
（札幌·日料居酒屋）

▶北之大地出现了假的"GALALI"

有一次我们发现，有一家上市公司将我们公司直营店"GALALI"的名字注册为商标，并用这个名字在北海道开了一家餐厅。

一次，经常光顾青山店的老顾客问我们："听说你们又在北海道开了一家'GALALI'啊，什么时候开的？"我听了以后觉得很惊讶，于是在网上查了一下，发现果然有这家店。

它的名字叫"手工坊 GALALI 札幌店"。

菜单几乎完全照搬我们的。就连我自己发明的原创菜品也在里面。

说起来的确是我们大意了，因为我在开"GALALI 店"的时候，压根就没有想到要注册商标。

我马上给对方公司打电话，然后见到了他们的老板和部门经理。对方表示，"我们虽然注册了商标，但不会对重野先生的'GALALI'造成什么影响的"。所以我也没有太追究。

正如我在第一章中提到的，这种"抄袭"的现象在餐饮业中相当普遍。特别是大型的餐饮企业，会将一些独立餐厅人气菜品的商标权抢注过去，擅自使用。

比如，某家小饭馆的人气菜品价格为 1000 日元，而大饭店把它抄过来，由于他们可以通过大量采购食材来降低成本，所以能够把售价降到 800 日元。

如果一家大餐企觉得某种菜品"可以半成品化并在自家门店铺开"，他们就会进行研发，然后马上把它纳入自家的菜单。

▶小餐厅要有大餐企难以模仿的特色

如果一家小餐厅想具备大餐企模仿不来的特色，就应该拥有一套独特的操作流程。在餐饮行业，"操作（operation）"这个词有着多种含义。

它可以指精简高效的服务体系；可以指让顾客爱上这家店的充满人情味的待客之道；可以指厨师只有具备对食材和酒类的深入了解，以及精良的烹饪技术和工艺，才能做出的美味；也可以指从各种酒行采购丰富的酒水品类。

其中，最难以被别人模仿的一项操作就是——"不断钻研、精益求精的厨师所独具的烹饪技术"。

各大餐饮连锁店会利用自己的中央厨房或通过 OEM（指代工生产，俗称贴牌）大量生产预加工食材和预制菜，并供应给旗下的各个餐厅。这样就很难展现不断钻研、精益求精的厨师精湛的技艺。

例如搭配生鱼片吃的萝卜，工厂里切出来的萝卜和餐厅里的机器切出来的萝卜，以及厨师现场切出来的萝卜是有区别的。懂行的人一下子就能吃出来。

如果你想用好的服务和料理，踏踏实实地赚钱，那么萝卜也好洋白菜也好，就应该选择让厨师在店里现切现做。它们的口感确实不一样。同时，本着"连配菜都让您赞不绝口"的态度做出来的料理，相比于大餐企料理稳定的口味，更会给人一种意外之喜。

只要是愿意在吃上花钱的顾客，都能够发现这些小细节。这种让人赞叹"料理真不愧是一门手艺"的细节，是大公司无法模仿的。

此外，"GALALI"致力于搜罗各种品类的清酒和黑糖烧酒，自然需要不止一家的酒行作为供应商。**大餐企为了降低成本或方便销售管理，则希望减少供应商的数量，所以很难提供种类繁多的酒水供顾客选择。**

反过来说，**独立的小餐厅如果肯下功夫，会更容易展现理**

念、抓住顾客的心。**想要开餐厅的老板或厨师，应该先明确自己的构想和门店的关键词等，接着将其充实丰富，并研究竞争对手，然后再开店。

"GALALI"居酒屋之所以能一直承蒙顾客们的惠顾，是因为它的概念已经深入人心，不容易被模仿。

我们店由训练有素的厨师精心开发的菜单也是如此，要从日本各地搜罗来盐和味噌可不是那么容易的。一线服务操作手册（如待客细节、高效的服务系统等）也不容易复制，如果大餐企引入，成本就会很高。

一家概念鲜明的餐厅，不仅难以被模仿，而且往往更容易成功。

▶山寨"GALALI"的后续——假的真不了，真的假不了

那么，"手工坊 GALALI 札幌店"到底是一家什么样的餐厅呢？我对此很好奇，所以去北海道"侦察"了一下。

当我实际试吃时，才发现他们虽然号称"纯手工现做"，但菜品其实都是用速冻食材或料理包制作的。

也就是说，他们只是抄袭了我们"纯手工现做"的外壳而已。生鱼片的配菜是用机器切的，芥末也不是现磨的。萝卜泥也是用事先做好的冻品解冻的，完全不是"纯手工现做"的

味儿。

我记得当时我就想"这家店做不长久的",因为在北海道有很多餐厅使用的都是最新鲜的食材。

果然,北海道的山寨"GALALI"在一年后就关门了。如果对方委托我们,协助他们在北海道开一家像 GALALI 这样的餐厅,那个店的生命力也许会更长久。

失败案例 "我要卖关东煮和咖喱饭！"自大的年轻老板（六本木·居酒屋）

▶明明是个菜鸟，却莫名地自信

有一次，一位在非餐饮业领域取得成功的年轻商人，请我做他的餐饮顾问。他说："我准备在六本木开一家咖喱饭居酒屋。里面还要卖关东煮！主打咖喱饭和关东煮，一定会火爆的！我将来还要开连锁店，请把这个计划也安排进去。"我劝他，一边吃咖喱一边喝清酒的人并不多。而且，关东煮的味道会被咖喱的味道破坏。

他却自信满满地说："没关系。店里的操作流程很简单，很短时间内就能开起连锁店来。关东煮可以提前制作，咖喱饭可以冷冻保存，所以只需要再雇一个兼职店员，门店就可以运转起来了。这真是一个划时代的商业模式啊，你说是吧？"

不过，店里的生意一直没有起色。三个月后，店里就放弃了咖喱饭，开始只卖关东煮了，然而为时已晚。餐厅里弥漫着咖喱的味道，顾客们都说：

"店里的咖喱味太浓了，根本尝不到关东煮的味道。"

1年后这家餐厅就倒闭了。这位老板并不在意餐厅的位置，也不看重顾客的需求，他只是盲目地自信，觉得只要贯彻自己的构想，就一定会成功。

特地委托我出谋划策，但又根本不听我的，那他又为什么要找我做这个餐饮顾问呢？

▶一家餐厅提供的食物如果不符合顾客的需求或使用场景，就会惨淡收场

在六本木有很多正宗的咖喱饭餐厅，但这家店的咖喱饭都是用批发来的咖喱，再加入一些材料做成的，这种咖喱饭自己在家都能做。基本就是"谁会专门来花钱吃这个？"的水平。

对方曾经向我解释道："六本木有很多在酒吧上班的女招待，她们应该会在开工前来这里填饱肚子的。"但是，关东煮倒还好说，可没有哪个女招待会在开工前，选择吃味道很大的咖喱饭的。

另外，这家店虽然自称是"咖喱饭居酒屋"，但店里本土品牌的啤酒、清酒和烧酒等酒类，可供选择的品牌非常有限。构想中的概念也没有被清晰地提炼出来。

对方曾经夸下海口："关东煮也好，咖喱饭也好，只要拿微波炉热一下就行，所以到时候只安排一个店员也能忙得过来。如果我们打出加盟广告，肯定会收到许多加盟申请的。不出几年，我们就会拥有几十家餐厅了，到时候还请多关照。"

这是一个失败的案例，**因为客户只从自己的角度出发，只注重华而不实的菜单和效率，而没有考虑顾客究竟需要什么样的餐厅。**

> **成功案例** 让服务用语更接地气后,销售量上升了(秋叶原·拉面店)

▶明明是日式拉面馆,却给客人提供法式服务?

进入餐厅后,老板笑脸相迎:"欢迎光临,请到这边来。"然后将您引导到柜台前,并礼貌地递出一张名片说:"您好,我是老板高桥。"当你用餐结束后离开时,老板会过来问:"食物是否还合您的胃口?"

这样的服务方式是很亲切、很有礼貌的,但如果这里是一家普通的拉面店,你会怎么想呢?

这家店的顾客以工作繁忙的商务人士为主,大多是独自来吃拉面的普通男性。如果是面对这样的服务,他们一定会感觉很不自在。

这家拉面馆的老板曾经是法式料理的主厨,所以习惯用亲切礼貌的态度服务客人,但其实来吃拉面的顾客都希望快点吃完,然后赶紧离开。拉面馆的节奏就是客人点餐后看手机打发时间，拉面上来后，吃完就走。如果你一直和客人说话，客人反而会觉得被打扰。

获得允许后，我在一个不影响店里做生意的地方，观察了一下餐厅的情况。可以清楚地看到，所有的顾客都被店长的服务搞得一头雾水，不知如何是好。

你来到拉面馆，老板向你递上一张名片，帮你拉椅子。我想，99%的客人都不需要这种一整套的法式服务吧。有那拉椅子的工夫，还不如快点把拉面做出来。这才是顾客的心声。

于是，我建议客户把服务用语改得接地气一些，这样会更有拉面店的感觉，比如不要说"欢迎光临"，而是换成"嘿，您来啦！"。

另外，我希望店里呈现出充满干劲的姿态，仅仅提供朴实无华的服务，比如不需要一边微笑着招呼客人，一边将他们引导到座位上。而是为了表示你在专心工作，只需看客人一眼，说一声："来啦！"

即便如此，我们的客户一时也很难纠正已经养成的礼仪，**还是会深深地鞠躬。这时，我就建议他："您可以不用这么周到。服务上稍微随便一点、粗犷一点，这正是对自己拉面的味道有自信的表现！"**这招果然有效，店里做出调整之后，顾客就逐渐多了起来。

有时，老板想提供的服务和顾客需要的服务是不一致的。审视自己的服务是否是一厢情愿，是非常重要的。

成功案例 仅凭一款新开发的菜品，就让餐厅起死回生（藤泽·烤鸡串店）

▶ 经营失败的神户店里的"丸子串烧"，在这里复活了！

有一家开了 5 年、没有什么特色的烤鸡串店的老板，曾向我咨询道："我们的营业额一年不如一年，有什么办法能把销量搞上去吗？"

于是我提议，应该研发出一款其他餐厅都没有的特色菜，最后我们决定推出一款"鲜烤丸子串烧"。看了本书的读者可能会猜到，它原本是那家在神户大型商业设施内经营失败的丸子串烧店里的菜品。当时，我们只有在买到新鲜到可以生吃的鸡肉时，才会把它作为"今日推荐菜肴"来推出。这是一道招牌菜，非常受客人们的欢迎。

取早上现杀的新鲜鸡肉，与香料一起绞碎，搅拌至蓬松，微微烘烤，蘸上生鸡蛋和特制酱料，就是一份美味的"鲜烤丸子串烧"了。鲜烤丸子串烧的口感松软多汁，很受顾客欢迎，另外这种丸子串烧基本上是一口一串，所以有的顾客一个人就会点上两三串。

那家烤鸡串店附近的餐厅，都没有这样的菜单。因此，我们决定找一家能提供新鲜鸡肉的肉店，从他们那里批发原材料。

我们在餐厅的外墙招牌上写上了"特色！鲜烤丸子串烧"和"全湘南独此一份！"的广告语，还贴上了实物的图片。刚一推出，就大受好评，很多顾客都是冲着这道鲜烤丸子串烧来的。

▶保留核心的招牌菜，精简掉销量不高的菜

该餐厅可容纳 30 人，营业时间为下午 5 点至凌晨 12 点。有时，餐厅的翻台率可以达到 5 次之多。生意好的时候，仅凭 200 日元一串的鲜烤丸子串烧，一天就能赚到 20 万日元。

菜单里出现了一个爆款后，客人们也会顺带点一些其他的菜，但我们也会取消一些人气比较低的菜品，来尽量削减成本。

通过查看收银台的数据，我们可以看到哪些菜品在一个月或一年内人气比较低，然后把它们直接从菜单中删除。

具体来说，我们在查看了收银台的数据后，决定剔除烤猪肉串、烤鸡皮串、烤鸡柳条、烤鸡翅，只保留最受欢迎的烤鸡肉串。

不过，两个月后，我们还是决定保留一些深受老顾客喜欢

的菜品，并在不会对店里烫金工艺制作的精致菜单造成太大破坏的基础上，对菜单进行了更新，让各个菜品受欢迎的程度更加平均。

因为鲜烤丸子串烧成本低，再加上更新了菜单，利润率提升得很快。老板、老板的儿子、一名职员和两名兼职员工在运作着这家餐厅，不过经营到第五年后，营业额才开始稳步上升。

在我看来，湘南这一役，为神户的失败报了一箭之仇。也就是说，仅仅开发了一款菜品，就让一家店起死回生了。这个例子告诉我们，**哪怕有一个受欢迎的特色菜品，你都可以围绕它来做文章。**

▶为什么会有这么多的烤鸡肉串店？

餐饮业中有一种店不会受到经济形势的影响，那就是烤鸡肉串店。可以说，**除非其店面位于黄金地段，租金较高，否则一家独立经营的烤鸡肉串店经营失败的概率很低。**

烤鸡肉串是大人小孩都喜欢吃的美食，同时也深受外国人的喜爱。

除了高档的烤鸡肉串店外，一般烤鸡肉串的单价和成本都很低，而且很接地气，非常大众化。另外，店里还可以卖酒水。此外，外卖的销售额也是非常可观的。

如果是小餐厅，老板又在一线值守的话，那么只需要再雇用一两个人就够了；如果是家族经营，人工成本会更低，无论如何也不太可能倒闭。可以说，即使是加盟的烤鸡肉串店，存活率也很高。

虽说如此，但由于竞争者众多，而且这一行水很深，外行贸然开一家烤鸡肉串店，一般都会失败。还是应该先在一线岗位摸爬滚打一番，积累一些经验。

成功案例 花费大量时间和成本打造出特色美食，大受欢迎（大阪·韩国料理）

▶ 摸索出餐厅的招牌菜

一家中等规模的连锁餐饮企业，请我帮助他们在大阪的一栋商业大楼里再开一家不同类型的餐厅，他们已经在那里开了一家餐厅了。我的提议是做韩国料理。

我们做了一些调研，发现大楼里没有同类型的竞争对手，而且有很多女白领在大楼里工作。我想，可以把目标客户锁定在这些注重健康的女性身上。

除了新增几种"韩式豆腐锅"，我们还首创了日本第一款"烤参鸡"，作为店里的特色菜。它不是我们平时吃的那种炖制的"参鸡汤"，而是一种把所有配料塞到整鸡里面烤着吃的烤鸡。

当时为了确定能否将这道菜列入固定菜单，我专门去韩国进行了调研，不过我发现，当时韩国只有一家餐厅在供应这种

"烤参鸡"。

我注意到，单单是处理做"烤参鸡"用的那一只整鸡，程序就很复杂，而且还得买专门的设备，这给预算和厨房空间都带来了负担。于是，我们和客户商量，决定做一个简化版的"烤参鸡"。

在韩国，只有一家餐厅在卖烤参鸡，说明它根本不是那种很火的菜品。我们判断，一道在韩国人气不高的菜，在日本受欢迎的可能性也很小，而且花几百万日元购买专用的烹饪设备风险很大。

不过，我们要的是其他餐厅所没有的创意。

就在我们寻找其他"省钱的创意料理"之际，发现韩国正在流行用自家种的水培叶菜，包裹韩式烤五花肉等食材一起吃的健康菜肴——"韩式生菜包肉"。

于是，我决定放弃成本高、耗时长的烤参鸡，改用"韩式生菜包肉食堂"的概念，开了一家韩国料理餐厅。

店里有两个特色菜。一个是韩式生菜包肉，即用20种左右的水培叶菜（无限量供应），包裹韩式烤五花肉一起吃，另一个是取代了烤参鸡的"韩式一只鸡"，就是把一只整鸡在锅里炖熟，然后蘸着酱汁吃。

▶重启被放弃的菜品，结果大获成功

餐厅终于开起来之后，虽然有一定的营业额，但生意并不红火。此外，附近还在建设新的商业大厦。

也就是说，这一带的餐厅会越来越多，所以很明显，餐厅的经营在未来会有一段艰难的日子。

除了"韩式生菜包肉"和"韩式一只鸡"，我们还需要另一个特色菜来支撑这家店。于是，我们决定："放手一博，重启烤参鸡的方案！"

前面说过，烤一只整鸡的设备，价格要上百万日元，所以我们想出了用烤箱烤的办法。不过这样一来，把鸡肉烤熟就需要很长的时间，所以要预先对鸡肉做一些处理。还有就是食材损耗的问题，要注意在备菜的时候，不能做得太多。

为此，我会经常分析销售数据。例如，我们发现，周一和雨夜的营业额会下降30%。于是，我们把晚餐时段多出来的备菜，做成"烤参鸡"，在第二天的午餐时段，作为特价菜出售；或者把多出的备菜拿去用作其他菜品的原材料，以避免浪费。

烤参鸡价格实惠，一整只鸡只卖1800日元。这家店位于大阪，如果定价太高，销量就会不好。

开餐厅时，原材料理想的成本，是占售价的30%左右，但对于烤参鸡，我们决定把成本提高到50%—60%。

虽然烤参鸡的成本有点高，但我们把它当成广告费，从整个餐厅的平衡上来看是没问题的。之后，一直停滞在每月300—400万日元左右的营业额开始逐渐增长，一直涨到了600万日元。

烤参鸡是将整鸡去除内脏，塞入秘制的香料、调料和各种药材，腌制入味，所以会耗费大量的时间和成本，不过我们也推出了其他的菜品。

另外，在韩国只有一家烤参鸡餐厅，说明它的人气可能不高，但作为一道难得的有益于美容和健康的菜肴，被媒体报道，这正是我们想要的。**在这个案例中，我们果断地将"本地独一份"作为广告噱头，结果获得了成功。**

不过，正因为店里有以蔬菜为卖点的健康菜肴——"韩式生菜包肉"与之相辅相成，烤参鸡才会卖得这么好。

像这样，既要考虑整个餐厅的人力和成本的平衡，又要打出特色，是非常重要的。

▶不安于现状，争取多开发一道招牌菜

轻井泽的一家人气很高的意大利餐厅也是如此。这家餐厅由一对40多岁的兄弟经营着。

当我应邀前往餐厅时，发现这对兄弟和员工都非常和善，

餐厅在当地人中也比较受欢迎。不过,他们希望餐厅能够拥有更多"制胜的法宝",所以请我帮他们做菜单开发和内装设计。

餐厅是一栋两层楼的大房子。一楼原本是做自行车租赁生意的。但是,自行车租赁业务业绩不佳,于是他们决定将其关闭,并将一楼也改为餐厅,方便客人进出。改造工程是在冬季下雪、店里不营业的时候进行的,到了春天餐厅就可以对外营业了。

我提议用"轻井泽烤鸡"作为招牌菜。得益于已故演员川岛直美的宣传等因素,"轻井泽烤鸡"在那时候变得非常受欢迎。店里的营业额从每月 200 万日元上升到 800 万日元。

即便对于一家人气很旺的餐厅来说,多开发出一道特色菜,也会为店里的生意锦上添花,让营业额再创新高。

失败案例 打造出大众化的菜单，营业额却下降了（涩谷·意大利餐厅）

▶难得的精品餐厅却"沦为"了家庭餐厅

我们曾收到过一家 IT 公司的委托，请我们拯救一家"失控"的餐厅。

那是一家意大利餐厅，距离涩谷车站步行约有 10—15 分钟的路程。但当在那里工作多年、厨艺高超的大厨辞职后，营业额便从每月约 450 万日元骤降至约 300 万日元。

在那个地段，有很多意大利餐厅，所以新厨师利用他在亚洲餐厅工作的经验，打造了一款结合意大利和亚洲美食的创意菜单。

然而，一旦顾客用完餐离开餐厅后，就不会再来光顾了，于是，他们通过开餐厅的朋友找到了我。

▶餐厅想供应的料理，与顾客想吃的料理之间存在落差

餐厅是如何敲定他们的菜单的呢？

在大多数情况下，有两种模式：一种是厨师和其他一线员工群策群力想出来的；另一种是老板自上而下决定的。

在这个案子里，我们必须尽快通过革新菜单的方法，来提高营业额。所以我给出了一个大方向，"打造出一款独具特色的菜单，让食客们特意专程前来我们这个远离车站的餐厅品尝"，然后由厨师和员工们召开品尝会来决定具体菜品。

然而，大堂的员工纷纷表示："我很担心这个方案，因为之前就是由于把意大利菜和亚洲菜融合在一起，菜单太过新锐，导致很多客人都接受不了"，"如果我们店里全都是创意菜单，顾客选择起来会很累。我希望菜单上都是客人熟悉的菜品，让人一目了然，这样客人们点菜的时候会比较轻松自在"。

事实上，在对食客的问卷调查中，很多人的反馈也都是："你们有普通的意大利面吗，比如番茄酱意面或蒜油意面？""你们有普通的比萨吗？""你们家以前那款汉堡包呢？真遗憾，明明很好吃。"

从顾客的角度来看，如果菜单上有很多味道难以想象的创意菜，就很难想象端上来的会是什么样的料理，以至于让人难以选择。那家餐厅顾客的年龄层相对较高，所以他们希望有一

个普普通通的意大利菜单,让他们能够轻松地想象出成品。

之后,我们采纳了这些意见,对菜单进行了改造。

▶反复求证"客人的口味"

在食材讲究的正统意大利菜中,穿插几道只在这家餐厅才能吃到的个性化美食——如果能取得这样的平衡就好了。但是我们发现,改造后的菜单上,尽是在"家庭餐厅"就能吃到的东西。

当然,如果料理好吃到成为当地一绝,那就没有问题;但如果味道比较平庸,那么无论食材多么讲究,也不会有人愿意从车站走10—15分钟,来专程吃比家庭餐厅价格更高的料理。(译者注:家庭餐厅顾名思义即是以家庭的男女老少为服务对象,能够满足不同年龄层、价廉物美的低消费型餐饮店)

对于离车站较远的餐厅来说,如果料理的味道和那些位于车站附近的餐厅一样,那就没有优势了。最后,也就无法摆脱只吸引附近居民的命运。

满足顾客的需求并不是一件坏事,但你仍然需要有一份堪称一绝的菜品,让食客们心甘情愿地大老远来到店里大快朵颐。

一开始,我们想打造出一款特色菜单,吸引食客专程来到餐厅消费,一下子提高营业额,但因为太过于顾忌客人的感受,而没能做出突破。

相较于融合意大利和亚洲美食的创意菜单推出的时候,店里的营业额的确有所上升。但我们判断,这还不足以满足客户的期望,我承认这个案例失败了。

成功案例 仅改变了摆盘和展示的方式，餐厅就变成了网红餐厅（横滨·咖啡馆）

▶打造一家生意长盛不衰的餐厅

我曾经帮助过横滨站附近的一家咖啡馆，实现了从低迷到振兴的转变，带动了销售额的增长。这家咖啡馆的目标群体以女性顾客为主，所以内装走的是可爱风。

一般以"咖啡+简餐"为概念的咖啡馆，菜单上展示的食物摆盘都很精致时尚。

但是这家餐厅，虽然意大利面等主打菜味道都很不错，但摆盘却非常普通。

于是我们决定，保持住菜品的"香、味"，同时在"色、形"上加入一些巧思。比如，**选用颜色丰富多彩的各种食材，让料理的配色更好看。用大口径的玻璃杯盛放清淡的开胃菜，或改用木纹碗、精致的盘子盛菜。**

最后，仅凭这些改动，就让店里的营业额上涨了。那时候，还不流行在微博、朋友圈晒图,但来到咖啡馆的顾客,也对咖啡馆有着一定的预期印象。因此,即使是同一道菜,仅让餐具或摆盘更加有咖啡馆的感觉,也会让食客好评如潮。

这个方法,不仅适用于时尚潮人聚集的咖啡馆。比如,一家拉面店所使用的碗的大小、数量和颜色,都可以根据店面所在的地区,以及目标受众是中年男性还是年轻人,而做出相应的改变。

如果你的餐厅不考虑地段,只是想一味地吸引广泛的顾客层,那么你的菜单将会变得过于大众,你的店最终会"沦为"一个家庭餐厅。

虽然在短期内提高营业额很重要,但店家也应该在概念和目标客户上多花心思,让餐厅朝着长期繁荣的目标迈进。

为了餐饮事业的延续，就要不停地去吃

▶我想让厨师们发掘出客人们会光顾一家餐厅的原因

充满好奇心的厨师们，经常会冒出一些创意和灵感，并利用这些奇思妙想来制作创意菜，所以他们经营的餐厅通常都具有持久的生命力。

不过，有的厨师就只会埋头苦干，没有什么点子，也不研究其他餐厅的热门菜；或者心中没有规划好门店概念、目标群体或客户使用场景，整个人还处于迷茫的状态就贸然开店。这样开出来的店，撑不了多久就会走下坡路。

如果不及时更新信息，你的菜单就会变得模式化和过时。如果客人不管什么时候去店里菜单都是一样的，那么迟早会感到腻烦。

重要的是要时常关注市场动态，获取新的信息，如"最近似乎流行肉和海胆的组合"等，并亲自去品尝一下，看看它们

究竟是怎么做的。

一个厨师越是古板，就越难摆脱"肉和海胆不能放在一起烹饪"的刻板印象。要想拿出一份能让顾客满意的菜单，就需要每天不断地钻研。有些厨师，在挑战"命题料理"的时候能想出一道菜，但没有多少人能够积极主动地去开发出一道新菜。

有时为了学习，我会和厨师一起去一些火爆的餐厅吃饭，但有的厨师只会挑刺说："这道菜的摆盘不好看"，或者"味道也不怎么样"，这样是不会进步的。**我希望这样的人能够认真思考一下"这家餐厅为什么受欢迎"，发掘出别家顾客盈门的原因，而不是一味地找碴贬损。**

想知道一家火爆餐厅的料理究竟是什么样的，除非你实地去品尝，否则是根本无法了解的，比如所用的原料、烹饪方法、分量、摆盘、上菜方法和餐具，不实地考察就无从得知，更不用说味道和口感了。

不仅仅是经营日料餐厅，经营意大利餐厅或者是法国餐厅也是这样，**成功的老板兼主厨都会时常亲自到全国各地，甚至世界各地，去学习新的菜谱、原料和烹饪方法，努力研究如何将它们运用到自己的店里，通常还会致力于原创菜肴的发明。**

开一家餐厅很容易，只要有充足的资金就行；但如果想持续经营下去，经营者就必须不断地学习。

▶不断地吃豚骨拉面，吃到连全身都散发着那个味

当我担任顾问的餐厅是我不熟悉的类型的时候，我也会造访一些同一经营模式中比较火爆的餐厅和一些老字号的餐厅。

最多的时候，我会走访并品尝20多家餐厅，来做市场调查。平均下来，我每天要去吃4家餐厅，一年下来要造访近1500家餐厅。

此外，我们经常在晚上去餐厅聚餐、谈事情兼视察，所以很少只光顾一家就结束。这样一来，我几乎一日三餐都要在餐厅里吃。

正式敲定菜单时，我们总是要开一个品尝会。不过，比如品尝面条特别是拉面的时候，是很辛苦的。因为你要一个接一个地吃很多种拉面，有时吃着吃着，你会失去对味道的记忆。

有一次，在决定担担面的菜单时，我每天都要品尝许多种拉面，吃得我全身都起了荨麻疹。

还有一次，在吃了许多种浓郁豚骨口味的拉面后，我的喉咙一整天都很干。我甚至发现，连我的体味都是豚骨味的了。

如果客户委托我帮忙开一家意大利餐厅，我会在保持调味不变的情况下，只更换意大利面的种类，来做不同的试吃。如果是汉堡包，我会保留其他食材不变，只更换面包坯来做不同的尝试。

同样地，如果有客户委托我帮忙开一家鳗鱼饭餐厅或乌冬面餐厅，我也会不断地去试吃这些料理。

因此，可以说，我总是处于腹部饱胀、暴饮暴食的状态。多的时候，我每天能吃到七八顿饭，体重上下浮动5公斤都是家常便饭。

顺便说一下，在反复地试吃的过程中，最容易发胖的食物是比萨。为了决定面坯的厚度、配料和微妙的口味，我每天都得吃几十种不同的比萨，以至于5天内我就胖了8公斤。

我身高177厘米，在写这本书的时候，体重是88公斤。我的最佳体重应该在77公斤左右，但我的实际体重总是在85公斤左右徘徊。

我在经营自己的餐厅的同时，也一直从事着餐饮顾问的工作，不过在这个行业中，能兼顾二者的人很少。

此外，据我所知，只有很少的餐饮顾问，能够承接各种业务类型和经营模式的餐厅的顾问工作。

我自认为能够胜任任何类型餐厅的餐饮顾问，这种自信来源于我能不断地试吃并观察同类型的其他餐厅，从而决定菜单的行事作风。

虽然有点老王卖瓜、自卖自夸，但我希望您能够明白，**餐饮顾问这项工作，对美食不感兴趣的人自然不能做，但是吃得太少的人也同样不能胜任！**

第 3 章
由人力资源决定的成与败

员工的水平会影响餐厅的营业额

▶员工培训的重要性

无论是直营餐厅还是委托顾问经营的餐厅,都应该在新员工入职后,安排一个为期1—3个月的培训期。这是因为餐厅的水准、形象、气质乃至营业额都取决于员工的业务水平。

一家餐厅就像一个完整的公司,生产、开发、采购、销售、公共关系、会计、人力资源和行政部门一应俱全。所以,**同样是员工,餐饮业员工的影响力就要比其他行业的大**。这就是为什么,有必要让这些员工接受正规系统的培训。

另外,餐饮业的终极使命,就是让顾客舒舒服服地吃好喝好,所以对员工的培训是至关重要的。

我自以为,我在一定程度上是通过面试来选择优秀人才的。但其实,在我看到员工的工作方式后,我才能了解他们对于工作的认识、态度、个性、成长环境以及在职场接受过的培训。

对厨师来说，他们也可能其实不像面试时说得那么能干，或者搞得灶台很脏，或者出菜很慢、不能合理安排工作步骤等等。

面试一般总共持续30分钟到一个小时，不足以了解清楚面试者的所有情况。有时候，一个在面试时看起来非常温和的人，可能会在大家一起培训时，突然变成了一个异常暴躁的人，或者变成了一个容易激动的人，或者本人其实是一个酒鬼。

我们在培训中做的第一件事，就是在课堂上讲解公司（餐厅）的理念和使命，以便员工们能够理解企业的目标。对于客户委托我做顾问的餐厅，有时候是我亲自对员工培训进行指导；有时候是我们公司的员工或客户方的负责人根据我准备的材料，在理解了企业的愿景、道德观和内部规则后，对员工培训进行指导。之后，我们会在一线实际地与准员工们一起工作，以了解他们的能力和个性（也有一些案子的客户，只委托我们做课堂培训）。

我的观念是，其实，**"员工是否理解并能认同企业（餐厅）的理念和思维模式"比员工的能力、技术水平和工作态度更重要**。员工可以在以后充分地提高自己的工作能力、技术水平和认知。但是，如果员工不能理解、认同企业（餐厅）的理念和思维模式，就会根据自己的判断标准行事，成为麻烦和问题滋生的开端。

最常见的情况之一是，团队里产生矛盾，员工的士气下降，导致负面的言论和气氛蔓延，最后以某些员工辞职收场。然后，这些纷争影响到了对客人的服务，结果导致营业额下滑。

这就是为什么，相较于我的直营餐厅，我更注重加强顾问客户的餐厅的员工培训工作。如果是我直接经营的餐厅，可以由可靠的老员工代为培训新人，就算出现问题，也是由我自己承担责任。但是，顾问客户的餐厅，是个人或公司冒着风险，赌上了自己的人生或公司的命运开起来的，是不允许失败的。

顺便提一下，说到培训，我觉得在那些有餐厅工作经验的员工，和原本是外行的员工之间，后者对于培训的态度更认真。他们刚入行，对餐厅工作还没有上手；但他们也没有任何奇怪的习惯或先入为主的观念，所以非常坦诚和直接。如果你看一下有餐厅工作经验的人在培训期间的态度，就会很容易看出，他们不想听指挥，而是想用自己的方式来做事。

▶创造一个让员工能够热情地服务客户的环境

身为店主或店长，需要能够读懂员工脸上的表情和店内的气氛，以确定发生了什么事，然后与员工谈话、予以关心。

其中，定期举办一些活动，是一种有效的手段。例如，每月举办一次去其他餐厅考察的活动，既学习了他店的长处，又可以让大家放松娱乐。通过有意识地为员工提供相互交流的机会，可以培养出一种团结的意识。

另外，在餐厅工作，容易形成往返于餐厅和家两点一线的单调生活。这时，可以邀请其他餐厅的老板来店里，举办一个小型研讨会。创造自我发展的机会，给予来自外部的刺激，可以使经营者重新认识到，一家好餐厅应该是什么样的，从而提高积极性，并成为改善工作环境的契机。

一些餐厅会为因即将毕业而离职的兼职高中生或大学生举行"毕业典礼"。加强团队意识是非常重要的，因为这样能创造更好的工作环境。

在我的直营店里，我们会举办年会，邀请员工和他们的家人一起来参加，或者选出年度MVP，给他们颁发证书和奖金。这样可以激起员工竞争"成为明年MVP"的上进心。

员工（尤其是兼职员工）离职，很多都是因为糟糕的人际关系，比如没有良好的工作氛围、不被认可、不受关注，以及感受不到人情味等等。相反，**如果员工之间的人际关系良好，他们的积极性就会提高，所有人就会更加努力地工作。**

这样一来，员工的离职率就降低了，用在招聘上的费用也将大大削减。回过头来，再用这部分钱给员工们涨薪，员工的留存率一定会上升。这笔钱如果回流到成本，就会提高料理的

品质,让顾客赞不绝口,你的营业额也会随之增加。

经营者要始终对员工保持关心,时常与他们谈心,表达出感恩之心,并公正地对他们的工作做出评价。

创造一个良好的工作环境,让员工们能够团结一心,在店里舒适和愉快地工作,对于一家餐厅来说是很重要的。

成功案例

仅更换了一名员工，就让营业额在一个月内提高了150万日元（千驮谷·黑糖烧酒居酒屋）

▶新店长的"干劲"，转变了店里的工作氛围

无论什么行业，一家店的成功或失败，最终都会归结于"人"。一些商业书籍会将人力资源称为"人力资产"，尤其是在人力资源长期短缺的餐饮业，员工可以称得上真正的资产。

正如我在第一章中提到的，我亲手创办的第二家餐厅是一家主打"味噌和黑糖烧酒"的餐厅。这个居酒屋在午餐时段很热闹，在晚餐时段却很冷清。为什么在白天光顾的顾客，晚上却不来我们店里呢？

开业初期的那位店长是这样说的：

"反正晚上也没有客人来，不如改成不需要那么多店员的日式火锅店吧。"

"不，不，我们午餐时段的客流量能达到100人，但为什么

在晚餐时段他们却不来光顾呢？如果是餐厅差评太多也就罢了，可明明有很多冲着味道而来吃午餐的回头客。还是宣传不到位吧。要把晚餐时段也带动起来呀。"

总之，店长自己就先失去信心、想要放弃了，最后这种气氛也感染到了员工，没能带动起晚上的生意。

于是，我们决定对于菜单一律不作变更，而是把这位店长调到别的餐厅，换上一位更加积极、充满干劲的女店长。

在此之后，店里的工作氛围发生了巨大的转变（我将在下一节解释具体是如何变化的），只过了一个月，营业额就上去了。**仅仅更换了一位店长，就让这家店完成了从亏损到盈利的转变。**

午餐时段是有客来的，而且"味噌和黑糖烧酒"的概念很鲜明，所以我相信，如果能获得食客的认可，我们的餐厅就一定会火爆起来。

有些顾客是在看到了媒体上的报道后，从很远的地方赶过来的，但这只不过是暂时的热度。毕竟，让附近居住的顾客成为常客才是关键。

▶店长活泼开朗的性格，使员工和顾客的心情都阳光了起来

让我们继续前面的话题。午餐时段的这一批顾客，觉得我

们的店是一家"定食屋"(译者注：定食屋指以套餐为主、便宜又量大的日料店）。他们对店里摆放的黑糖烧酒的酒瓶也不感兴趣，仅认为"有很多瓶子放在那边"而已。

不过，如果我们多加宣传，告诉客人"我们在晚上供应味噌料理，有味噌炸鸡块和味噌角煮等等，都很好吃"，"味噌和烧酒是绝配"，以及"我们家搜罗到了日本顶尖的黑糖烧酒"，就会有更多的客人在晚上光顾本店（译者注：角煮是指将食材切成块状后调味炖煮的料理方式）。

但是，开店初期的那位店长却与我的预期背道而驰，他不擅长招呼客人，士气也很低落，总是说"客人们都喜欢喝芋烧酒及麦烧酒，不喜欢喝黑糖烧酒，所以我们才没有生意的"这种丧气话。结果，这家店一直在赔钱。

员工们也受到了店长低士气的影响，整家店的气氛都很消沉。于是，我们做出了更换店长的决定。新来的店长性格开朗，干劲十足，员工的积极性也随之高涨了起来。

例如，在午餐时段，她会殷勤地向顾客介绍店员："这个女孩来自××，擅长××"，或者"她喜欢酒，知道很多关于酒的知识，所以您晚上来喝酒，有什么问题都可以尽管问她"。

这样一来，以前从未交谈过的店员和客人之间，就有了新的话题。顾客也愉快地表示："那我晚上也过来喝两杯吧。"

由于不断地这样招呼客人，不仅在午餐时段，在晚餐时段也来光顾的客人，渐渐地多了起来。

另外，当客人离开时，热情地道别并附上一句"期待您的下次光临！下周见！"，下次他们就会带着朋友们一起再来光顾。

说起来，这只是一个很常见、很基础的管理手段。然而，仅通过这一项改变，就让店里的气氛活跃了起来，店员们的脸上也都开始闪耀出光芒。

其实，这个店长本身不会喝酒。因此，她把与饮酒相关的服务工作，都交给了喜欢喝酒的员工，让他们自由发挥。这样的安排效果很好，喜欢喝酒的顾客和店员间热烈的交谈声，在店内此起彼伏、不绝于耳。

这样一来，即使是从来都不喝酒的员工，也开始学习品酒之道，以便自己能和顾客愉快地交谈，整个餐厅的气氛也得到了改善。

我再赘述一遍，在餐厅里，只要在人事上做一些变动，就可以提高营业额。或更换店长，或更换厨师长，或在大堂安排一些青春靓丽的女服务员，或安排一些专门招呼客人的兼职服务生。然后，这个店员的表现一定要打动客人的心，比如要让客人觉得："我想见到这个店员，所以才来这家店吃饭"，"有这位店员在一旁服务，我觉得很放心"，"这里的厨师长记得我的喜好和习惯"，"他会记得我上次吃了什么料理，下次会换一个花样"。这正是客人成为回头客的重要因素。这种正能量肯定也会传递给其他员工。**在餐饮业这个行业里，将个人的能量传播开来，就有可能让你的店大获成功。**

▶为什么一定要关注员工的恋爱动态

我刚刚讲的，是通过任用一位女性店长来提高营业额的例子。相较于后厨，女性员工在大堂工作的情况更常见，通常老板会凭借第一印象，就判断"雇她来招呼客人的话，效果肯定很好"。

然而实际情况是，这种活泼开朗、热情大方的女店员，因为与顾客或同事谈恋爱而辞职的案例也不在少数。

当一名女店员与顾客发展出不一般的关系后，会怎么样呢？在某些情况下，恋爱会让人精神抖擞，对工作产生积极的影响；但是，男方失联，女方因此变得精神不振的案例也是有的，尤其是男方在借了钱之后就杳无音信，那情况就更糟糕了。

反过来，当一名男店员与一名女性顾客发展成恋爱关系后，会怎么样呢？可能因为男方一直在店里工作，想见面的时候就能见面，长期交往下来，已经有好几对情侣修成了正果，步入了婚姻的殿堂。由此可见，在餐厅里产生的恋情中，女店员要面对的风险更高。因此，一些餐厅会禁止员工与顾客或同事之间谈恋爱。

在后一种情况下，即便两个人原本都是单身，谈恋爱无可厚非，但是难免会发生两个人在工作场合卿卿我我，或者两个人总是排在同一个班次之类的"撒狗粮"的事情，这样就会影响到其他员工的士气。此外，如果两个人分手了，可能会让整家店的人际关系都变得紧张和不稳定，工作氛围也会恶化。

因此，身为餐厅的经营者，一定要关注员工的恋爱动态。

▶必须立下"禁止搞外遇"的规矩

聘用员工时，我们都会告诉他们，"店里禁止搞外遇"是这个行业常识性的规则。甚至有的店会把这一条写在店规里。

之所以一定要特地在口头上警告员工"禁止搞外遇"，是因为搞外遇的行为在餐饮业其实非常普遍。当两个人从早到晚都一直在一起工作时，难免会产生感情；在一个没什么工作经验的新人眼中，厨师长或大堂经理这种年长的异性，就是一个可靠的存在。

因为他们有着工作上的权威性，所以会令人敬佩和憧憬。新人与可靠的前辈在工作之余出去喝酒，最后发生关系的例子数不胜数。

这可能会有损于餐饮业在人们心中的形象，但我敢于自揭疮疤，是因为这种事情本身就是一个隐患，我希望打算开餐厅的经营者们能够多加注意。

▶轻松愉快的工作氛围是由活泼开朗的员工创造的

虽然有些跑题，但我还是要说，以我的经验来看，在餐厅工作的女性比男性更坚强，更有毅力。男性很容易叫苦连天，牢骚满腹，但女性往往会竭尽全力。当她们真正大吐苦水时，那就是已经相当地辛苦了，这时我会像对待亲人那样，关心照顾她们。

某些店员的存在，可以活跃店里的气氛，提升营业额，这样的人不分男女。如果店里有一个人，能够用一些贴心或欢快的言行来活跃店内的气氛，所有员工的积极性就会随之提高。

这就是为什么，我要花精力去尽量消除可能导致员工之间产生分歧，并使店里的气氛变得不和谐的因素。即便如此，大堂和后厨之间发生争执、恶语相向的事情还是会经常发生。

后厨希望服务员能赶快趁热把料理端给客人，而大堂则必须尽快为另一位顾客上第一杯饮料，也忙得不可开交。

虽然这是很常见的情况，但是当员工之间缺乏沟通时，就会在日常工作中无法做到相互理解，最终彼此滋生出不信任感。

此外，有时候，尽管厨师用精心挑选的食材来制作菜肴，却不会向大堂的服务员特别说明。另一方面，有时候大堂的服务员也不去主动询问和学习主推菜的特色，导致没办法向客人介绍推荐。

然后，他们就会像普通公司的销售部门和生产部门那样，互相扯皮："你做的东西很差，所以才卖得不好。""我做的东西没问题，如果卖得不好，那应该是销售的错。"

反过来，如果店里的人际关系很和谐，厨房和大堂之间的沟通就会变得更加顺畅，服务员也可以没有顾虑地询问。"今天的主推菜是什么？""这是什么鱼？"前期准备工作做到位，服务员就能更好地服务于顾客。

而指导的一方，只需说几句话，比如"主推菜售罄了啊。谢谢你"，或"你向客户介绍得很不错。如果再附加某某说明就更好了"，就能让服务员精神振奋，改善整个餐厅的气氛。

店长和厨师长应该乐于与员工沟通交流，与员工多聊天，以加强团队的意识。经营者不要凡事都亲力亲为，大包大揽，要善于分配任务，做到人尽其才。实行岗位责任制度后，就连年轻的兼职人员也会勤快地努力工作。

如果店长或其他上层管理者重视人际关系，职场的气氛就会迅速发生转变。

▶餐饮行业总是招不到人，所以优秀的员工就成了香饽饽

一般来说，兼职的学生临近毕业就不得不辞职了，不过有心的人会把学弟学妹介绍过来。经营者有时也可以问问靠谱的兼职人员，有没有人可以接替这个工作。

这是因为，一个勤劳能干、有眼力见儿的兼职者介绍来的新人，很可能在工作中同样出色，而且知根知底，不会来路不明。

我们公司有一个推荐奖励机制，对于成功推荐继任兼职者的人，我们会支付一定的奖励。这同样适用于我们的正式员工。在新人被推荐并成功录用后，我们会在一些时间节点，比如在他们工作三个月后，工作六个月后，或者工作一年后，给予介绍人一定的奖励。由于餐饮业长期处于"用工荒"，所以我们采用了这一制度，以鼓励我们的员工，特别是那些聪明细心的员工，长期在店里工作下去。

这个推荐奖励制度，能够让推荐人更加关照被推荐的新人，从而让短期内离职的现象越来越少。

另外**这样做，要比在网络或信息杂志上反复刊登招聘广告，更加省时省钱。**这笔经费，如果花在员工身上，会让他们更高兴，更有动力。

这也更容易在店里建立起彼此信任的关系，让新员工能够

安心地工作。最终，采用推荐奖励制度的招聘成本，将会远远低于每年广告招聘的成本。

另一方面，"挖墙脚"（高薪拉拢其他店里的人才）是一个令人头痛的问题。能力突出的服务员，很容易被其他店挖走。

在餐饮业中，挖人是一个相当普遍的现象。这是每一家餐厅都在求贤若渴的表现。反之，能力突出的服务员，也可以选择开出更好条件的餐厅。

那位成功使主打"味噌配黑糖烧酒"的 GALALI 千驮谷店实现盈利的店长，就差点被另一家餐厅挖走。那家店的老板曾经对他说："如果你来我们店，我可以给你双倍的工资。"防止员工被挖墙脚，关键在于经营者要与员工团结一心，共同进退。

失败案例 从下雨天就不上班的员工身上学到的教训（夏威夷·日式配菜店）

▶在海外经营餐厅时，一定要甄选一位值得信赖的店长

我第一次在海外开展业务时，就曾经因一个意外事件而受挫。当时，有位同事提议，"我们想把东京的业务拓展到夏威夷，入驻当地的一个美食广场"。我接受了这个提议，并对未来的愿景翘首以盼，觉得"这是我们迈向世界的第一步"！

那是位于阿拉莫阿那购物中心美食广场的一家约16.5平方米的餐厅，主打糯米饭，店里还提供天妇罗和盐烤三文鱼等菜肴。

结果，这家店不到两年就倒闭了。究其原因，是在对员工的甄选上出了问题。

起初，我们从日本派员工来到当地，然后在当地聘请了一位日裔夏威夷人做店长，并进行了系统的培训。然而，在日本员工返回本国后，当地人并没有好好地执行我们所教的内容。

到了营业时间，店员却不到岗，甚至下雨天干脆就不来上班。他们会把前一天卖剩的配菜，就那么放在货架上，即使坏掉了第二天也会继续出售，结果被客人投诉。

尽管餐厅本身的经营模式非常简单，但他们还是掌握不来，虽然知道，在海外经营餐厅会遇到种种困难，但这一点是我们没有预料到的。

经历了夏威夷餐厅的失败后，我从中吸取教训，又协助了雅加达的一家烤鸡串店和越南的一家餐厅，完成了菜单开发的工作，还陆续担任了台湾一家鳗鱼店和一家拉面店等餐厅的餐饮顾问，这些店的经营都很顺利。虽然我现在给越来越多的在海外经营的餐厅做顾问，但那家夏威夷餐厅的失败对我来说，仍然是一个宝贵的教训。

在海外经营餐厅，需要安排一个得力的常驻管理者。如果老板能经常视察餐厅，那是最好的；但有的老板拥有多家餐厅，他们平时都非常忙，可能无暇顾及每一家餐厅的管理。

因此，**在海外经营餐厅时，任用一个可靠的人做店长就尤为重要了**。或者，通过特许经营（加盟）等形式，将一部分经营权划分给他们，可能会更好。

失败案例 "小偷就在员工中！"偷窃营收的店员（静冈·铁板烧）

▶监守自盗——被盯上的营业额

如果你在餐饮业待得足够久，你可能至少会遇到过一次店员贪污营收的事情。

"贪污"这个词可能会让人联想到一大笔钱，但其实被盗的金额从几千日元到超过一百万日元都有。

每一位员工，每天都在工作中各显其能，努力寻求各种新的点子，来达到客户满意度和利润之间的平衡，所以哪怕只有几千日元被盗，也很让人生气。

我们的直营店，已经发生过三次店员贪污营收的事情了。

不仅钱被偷过，甚至连食材也被偷过。在清点账单时，我发现店里进了一批非常昂贵的高级食材，但几乎没有使用这些原材料的菜肴的记录。于是，在询问了当事人后，他承认了贪污的行为，说："我把这些都拿回家，和家人一起吃掉了。"

大家在一起工作时，如果你觉得"某个人的行为很奇怪"，那么通常八九不离十就是他干的。

店里发生贪污行为，会让每个员工都觉得不舒服，所以店里需要一种威慑力。经营者必须采取一些措施，来有效防止类似事情的发生。

例如，一些餐厅会安装监控摄像头；或使用带有序列号的账单，即使有一张账单丢失，也可以找回来。如今，防范贪污营收的措施已经很先进了，如采用触屏式"小票"和 POS 收银机等，都是很完善的对策。

▶很多时候，你觉得"不可能是那个人"，但往往就是他干的

有些案子是，一个多年来一直勤勤恳恳工作的人，突然有一天就做了贼。

曾经有一个人在升为店长之后，就与一个做兼职的有夫之妇发生了不正当的男女关系。因为他们各自都有家庭，拿不出钱来，两个人吃喝玩乐又需要钱，所以这个人就把罪恶的手伸向了店里的收银台。

起初，他偷拿的金额不大，也就是 1000 日元或 2000 日元，让店里以为是计算误差而不去计较。然而，一旦尝到了甜头，

他就变得越发大胆了，干脆撕毁了一桌5人聚餐的账单，将每人7000日元，一共35000日元的饭费装进了自己的口袋。殊不知，数额越大越明显，偷拿的事情就越容易败露。

在大多数情况下，当一起工作的店员报告说"这个人很可疑"时，就会查出这种违规行为。

还有一个案例是这样的：该店有一个机制——每天的营收会在第二天早上存入银行账户。但逐渐地打款越来越延后，一周前的营收甚至一个星期都没有到账。发薪日之后，逾期的营收才被一次性存入银行账户。这其实是一种挪用的手段，他们先把营收拿去花掉，等工资到手后再补上这个窟窿。

目前，在我的直营店中，发现贪污行为，我们会与当事人核实，然后要求该员工写一份保证书，保证归还全部款项。

接下来，我们会当着"犯人"的面，给他的担保人（通常是父母或家庭成员）打电话，告知他们事实。另外，我们还会让他知道："你偷了大家辛辛苦苦挣来的钱。你背叛了我们所有人"；我们甚至还会报警。

在餐饮业，有一些"惯偷"似乎是以贪污为生的。这些人从一个餐厅跳到另一个餐厅，就是为了窃取店里的钱财。

有一次，一名新员工入职不到三个月，店里的账就对不上了。当我向警方咨询时，警察告诉我，如果一个人入职不到三个月就敢贪污营收，那他一定是一个惯犯。

雇用员工时，我们不能给他的前雇主打电话，询问他有没有前科，因为这种行为违反了《劳动基准法》。

那么，聘用新员工时，就有必要在雇佣合同中注明员工伪造工作经历的后果，在此基础上，进一步通过面试和培训来评估这个人。

从避免产生麻烦这一层意义上来说，建立一个由可靠员工推荐新人的机制，也是有益的。

如何防范员工贪污的行为

▶在贪污营收的那个店长家查获到的是……

餐厅员工挪用营业款的主要原因之一，是他们觉得自己对店里的贡献很大，但工资所得却与付出不成比例。

这里有一个案例：他是我们一家餐厅的店长，我与他共事多年，很信任他并提拔了他。到头来，他却卷走了店里的钱，中饱私囊。

他是某个宗教团体的信徒，在他成为那家店的店长后，这个团体的信徒就在该店举行了许多次聚餐，营业额也实打实地比前一年增加了约30%。

如果店里的销售业绩好，我会给店长涨工资，如果达成了预设的销售目标，公司还会给店长额外的奖励。但他还是不满意，因为他想要更多的钱，于是他就贪污了店里的钱。另外，当我久违地去店里视察的时候，我发现他所在的那个团体的旗帜和报纸，被放在了显眼的位置。我要求他把这些东西都收起来，但他似乎对此也很有意见。

贪污的行为败露后，这个店长就被我们解雇了，但是后来又有许多问题浮出了水面。

这个店长之前经常在下班后，带兼职学生们出去喝酒，喝得太晚了，他就会让他们住在自己的公寓里。学生们都把他当成可靠的大哥。

他也经常照顾错过最后一班车的兼职学生，对他们说："来我的房间喝一杯吧。困了就直接挤在一起睡，没问题的。"

我们想抓住那个卷钱跑路的店长，把钱要回来。兼职人员也知道发生了什么事，所以他们很合作，愿意和我一起去店长居住的公寓。

店长告诉过他们公寓的钥匙藏在哪里。他曾经说："我就把钥匙藏在这里。你们可以随时使用这个房间哦。"于是，我们就进入了他的房间，在里面寻找他可能会逃到哪里的线索……

▶壁橱中的一个纸箱里竟然有……！

在翻箱倒柜时，A君发现了一个纸箱，打开后发现里面有许多录像带（那是一个DVD和互联网还没有那么普及的年代）。

然后，A君竟突然发疯似的大叫起来："啊？有一卷录像带，上面竟然有我的名字!"

的确,在录像带的背面,有一个标签,上面写着"某月某日,A君"。

"怎么了?什么录像带啊?"

"也许是他拍的监控录像,是用来检查我们有没有好好工作的吧!"

店长的去向被放到了一边,大家的注意力都集中到了这些录像带上。我们急忙把录像带放到机器里播放,结果播出来的,竟然是A君住在这里时换衣服的画面;以及A君洗完澡后,上半身赤裸地在房间里走来走去的画面。

"哇,这是什么,好可怕,好可怕!"

A君心里觉得一阵恶心,其他兼职学生都对着他大笑起来。

但当他们进一步翻找纸箱时,又陆续在箱底发现了更多上面贴有他们的名字的录像带。

"嘿,嘿!这上面有我的名字。"

"啊,也有我。"

"有五卷带子都是我的……"

所有人都面色惨白。

接着,大家乱成了一锅粥:

"我们把这些录像带都销毁了吧。"

"不,虽然拍的是我们,但它毕竟是店长的私人财产,这样不好吧。"

"但我不想让其他人看到啊。是不是店长的财产并不重要!"

"我说,会不会还有其他的副本啊?"

我们继续寻找他逃到哪里去的线索,结果在壁橱里翻出了更多的男同色情录像带、写真集和跨性别人士的录像带……原来,跑路的店长是个同性恋者,他一直让兼职学生住在他的房间里,是为了偷拍他们。也就是说,他在兼职学生面前充当大哥的角色,其实别有用心。

关于这位店长,还有一件令人恶心的事。在他被解雇后,店里出现了许多故意闹事的"客人",一直叫嚣着"这么难吃的料理谁能吃得下啊!""把你们经理叫来!"。

此外,我们还受到了一辆黑色面包车的骚扰,它的车窗贴的也是黑膜,每天都停在餐厅门口,好像在监视餐厅。当我们敲打面包车的窗户时,它就会开走,但过了一会儿,它又会开回来。

我不知道他们是不是一伙的,但从时间上来说也太巧了。我正在烦恼接下来该怎么做时,大约三周后,他们就停止了骚扰。顺便说一下,我和学生们一起,把他偷拍的兼职学生的录像带,全都烧掉了。

▶"劳动付出和所得收入不成正比"的诉求

就像上面提到的店长一样，那些人搞贪污最常见的理由就是"觉得工资太少"。

在某些情况下，员工从收银机里偷钱，是因为他们觉得到手的工资，抵不上他们长时间的劳作；还有的情况是，他们觉得下班后员工一起出去喝酒，增进感情，也属于工作中重要的一环，所以就肆无忌惮地拿走店里的钱花掉。

因此，作为老板，应该制定出合理的薪酬体系。比如"建立（或引入）人事考核制度，并在此基础上核定出一个双方都能接受的薪资待遇"，"引入薪资与营业额或利润挂钩的激励机制"，"如果当月的营业额或利润达到预期目标，就给予特别奖励"，"明示每月交际应酬方面的开支不得超过多少"等等。

在我刚开始进入餐厅工作时，遇到过一个超级优质的女店长，她长得像模特一样漂亮，工作能力也很强。

餐厅里的所有员工，无论男女，包括我自己，都很崇拜她。然而，只要是这个女店长值班，当天的营业额就总是会少1万日元。

起初，因为沉浸在"很幸运能和她排在同一个班"的喜悦里，我完全没有注意到这一点。但大约两个月后，我发现有些不对劲。当然，其他店员也开始有所察觉："嗯？钱又少了……

好奇怪啊。"

能够接触到收银机的人很有限，所以可疑人员就那么几个。之后店里一直在跟进调查，经过统计后发现，只要是她值班的日子，账面上果然就会差1万日元。

虽然心里想着"不会吧"，但我还是仔细观察了她的动作。结果我发现，当她从一位顾客那里收到一张1万日元的钞票时，她没有把它放进收银台，而是把它对折藏在了桌子之间的缝隙里，等收完银后再把钱放进自己的口袋。

当我不得不指证她的时候，我感到很心痛，因为我曾是那样仰慕她。甚至其中一位把她当姐姐一样敬仰追随的女店员，由于太过震惊而辞了职。

她贪污营收的理由，是因为她觉得自己现在的月薪不合理，而且她很快就要自己开店做生意了，需要一笔钱。她的工作能力真的很强，如果她能主动与总经理交涉，公司应该会给她涨工资的……

有句俗语说，"强盗也有三分理"，如果有员工对他们的待遇不满意，老板就有必要找他们单独谈话，并商量一个双方都能接受的合理薪资。

为此，上层的管理者平时就要注意观察每个员工的工作状态，并留意发生的任何变化。

成功案例 降低员工离职率的第二代接班人
（六本木·海鲜居酒屋）

▶充斥着呵斥声的餐厅做出的料理会很难吃

在六本木有一家日式居酒屋，卖点是新鲜的海鲜，这家居酒屋的第二代经营者曾经找我做过咨询。

第一代经营者是独立经营，所以他会按照自己的方式来管理餐厅。可能是因为这是一家喧闹的餐厅，有时对店员不满意了，他就大声地呵斥，而不是正常地提醒。甚至，他会当着所有人的面破口大骂。

许多白手起家的老板兼主厨，都会有这种习惯。当然，店里的员工也都干不长。虽然餐厅位于市中心，平时生意还不错，但是在雇人用人上总是不顺利。

第二代经营者是看着第一代长大的，他希望我能够在员工的沟通管理问题上，提供一些建议。

首先，我建议他不要在众人面前伤害员工的自尊心，要尊重员工，然后心平气和地告诉他们为什么必须这样做。性格直爽的二代经营者，很快就把教训员工的场所，改到了僻静的角落。

此外，不要不分青红皂白地斥责，而要用平和的语气，告诉员工应该如何如何服务客人，在谈话的最后，可以告诉对方，"你在这些方面做得很好，继续努力"。一定要以赞扬对方的优点来结束谈话。

自第二代接手餐厅以后，多亏了尊重他人的沟通方式，那家店的员工离职率才大幅下降。

店长或厨师长往往会对那些记性很差或者笨手笨脚的员工感到不耐烦。

例如，无论教了多少次，他们都会忘记把料理夹和料理一起带过来，或者总是对要趁热端给客人的菜品视而不见。

每次遇到这种情况，后厨都会大声斥责"你又忘了！"或者"快点上菜啊！"。因为大家都忙得不可开交，所以容易爆发出不耐烦的愤怒情绪。

然而，从顾客的角度来看，他们是不希望听到这种叫骂声的，也不希望在充满火药味的气氛中用餐。

在顾客面前责骂员工的人也有他的道理。如果不在当下说出来，员工就会忘记应该注意的事项。被当场警告的人不愿意再次出丑，所以会认真记住这个教训。

然而，对于胆小的员工来说，这样会在他们的心里留下"老板很可怕"或"我不能胜任工作"的烙印，让他们变得畏首畏尾，总是要看店长或老员工的脸色。结果，他们的心思都用到了上司身上，却疏忽了对客人的服务。

有一次，我在一家餐厅里用餐，因为气氛太差，感觉再好的食物放到嘴里也味同嚼蜡。那是在餐厅结束营业后，我请我的员工们出去喝酒。当我们走进一家餐厅，服务生就立即告知我们"餐食类料理已经到了最后点餐时间"，于是我们赶快点了各种食物。但是，我们听到后厨大声说，"真是的，这个时候就不要接这么多订单了！"这声音从厨房一直传到了餐桌上。

我记得当时我就在想，店员在这样的厨师手下是干不长的。

▶设定并正确评估营业目标

在一般的公司，经营者会设定劳动定额，并想办法实现这些目标，但令人惊讶的是，很少有餐厅老板，尤其是独立经营的老板，会有这种意识。

他们只是每天来到餐厅，埋头工作，最后以"今天不忙"或"今天很忙"的结论收工。

的确，有的经营者会设定一个目标，比如"这个月的销售目标是×××万日元，那么今天的营业额就要达到×××万日元"，但我们要更进一步通过制订销售策略和促销计划来实现我们的目标。比如"我们将在××月推出一款，使用当季新鲜的高级食材制作的高价套餐。我们要提前3周通过互联网、SNS、客户通讯录，来宣传'预定享受折扣'的活动；还要向打电话预约座位的顾客推荐这款套餐；每天至少引导5桌10人消费该套餐，从而达成目标营业额"等等。

即便不做这么复杂的计划，你也可以设定具体的数字目标并采取行动，比如"让我们积极地鼓励顾客续杯吧。每个店员的目标是，让顾客每小时喝到三杯"、"××菜品成本比较低，但是由厨师精心烹制而成的，让我们每天推销出10道吧"，或者"让我们每天至少记住两组顾客的名字，让我们店成为回头客数量排名第一的本地餐厅吧"。不过有的店连这种程度也做不到。

仅仅通过设定一个数字，并号召员工说："让我们在这个月集中精力达到这个数字"，就会让员工的行为发生转变。

大型的餐饮连锁店在这方面的制度就非常完善。例如，他们每个月都会定下一道"推荐菜"，设定预期销售额，最后统计出哪个员工在这个月卖出了最多的推荐菜。

另外，他们还会花心思制订奖励机制，从每家餐厅采集数据，据此对优秀员工予以表彰或颁发奖金，以激励员工。

对于厨师，公司会把他们在美食竞赛中获胜的菜品加入到菜单里，如果这道菜的销量达到预期目标，就给厨师颁发奖金。这也不失为一种有效的激励手段。

▶估算出无法量化的员工的贡献

金钱是激励员工最直接、最便利的手段。然而，由金钱推动的积极性却不会持续太久。起初，给员工涨工资他们会很高兴，但过了一段时间，他们就会觉得这样的薪资水平是理所当然的。也就是说，涨薪是个"无底洞"。

前面提到的通过具体数字进行考核，如"奖励与销售额或利润挂钩"和"如果每月的销售额或利润达到预期目标，就有特别奖金"，是有效的。**但在人事考核制度中，也要把其他默默无闻的"幕后功臣"对餐厅的贡献算进去，因为这些贡献是无法量化的，容易被忽略。**这也将有助于保持住这些"无名英雄"的积极性。

如果能够让员工感觉到，老板或店长看得到他们的努力，认可他们的工作，并对他们的工作做出了合理的评价，就会让他们内心更加坚定，抗压能力更强。满足员工对认同感的需求，能够建立起员工与老板或店长之间的信任关系，从而让员工发挥出更好的表现。

第 4 章

由成本管理决定的成与败

避免餐厅经营失败的成本管理技巧

▶筹集资金时，需要提交一份商业计划书

开一家餐厅时，除非你自己的资金足够充足，否则通常要通过担保协会向银行或日本政策金融公库（JFC）借贷资金。不过，在申请贷款的时候，你需要提交一份商业计划书。

商业计划书中，需要写清年度还款计划，比如："我们的经营类型是居酒屋，开店成本、营业额、人工成本和原材料成本等经费大约是这么多，所以我们可以在某个年限内还清贷款。"

在制订商业计划时，为了能顺利借到目标金额，创业者很容易写下一个以店里的餐位数不可能实现的营业额。他们往往会给数据注水，让数字看起来好看。比如，虽然餐厅所在地段的客流量不大，预估的客单价为4000日元，但在商业计划书里却把它算成6000日元。

为了能够借到大笔的钱，我们提供的商业计划书里的数字

往往容易虚高，但其实我们应该提交一个**真实的，有明确还款依据**的商业计划书。写一个脱离实际的商业计划书是没有意义的。

餐饮顾问的重点工作之一，就是帮助客户制订合理的商业计划，比如根据你的预算，应该找一个租金更便宜一些的地方开店；与其从头开始装修，不如找一家转让的餐厅盘下来，这样可以把1000万日元的成本，缩减到500万日元。

另外，如果你想从日本政策金融公库借贷500万日元，那么最好你手头就有500万日元。如果你手头只有100万日元，那考虑200万日元的借贷方案才是比较现实的。

除非你的履历非常出众，或者在业内的名头特别响亮，比如"我曾是××酒店的厨师长"或"我在法国的一家三星级餐厅培训了×年"，否则你只能借到与你的自有资本大致相同的金额来开餐厅。

▶ 在资金充足的情况下开店

当你开一家餐厅时，最好不要妄想一开始就能赚钱。当店真正开起来以后，会产生许多意想不到的费用。而且，被顾客认可、在社区扎根，一直到赢利，是需要时间的。

你想尽快赢利，让生意步入正轨，但如果在这期间，你手里的钱都用光了，资金链断裂，那么你的餐厅就只有倒闭。所以要确保你有足够的周转资金。

想让周转资金更充裕，可以压缩内外装修费或工程款等成本。这时候，我们可以选择接手别人转让的餐厅，然后自己再做一些内部装修和改造工程。

其实，当你对室内外装修工程有很多想法，觉得"这个也想做""那个也想做"的时候，工程就会迅速变得庞大，超出预算的费用往往以百万元的单位增长。缩减开支的一个方法是，不找承包商，而是找开店的合伙人，自己动手装修。

我的第一家直营店——GALALI青山店，就是我找合伙人以及餐厅的朋友们一起，一口气装修完的，所以事后我只需要请他们吃饭喝酒就好了。

然而，这也只是一个个案。**如果找承包商，在一周内就能装修好，但我们自己装修，却花了一个月的时间，就相当于餐厅一直空置，多花了三个星期的租金。**还有一个问题是，最后成品的效果不一定符合你的想象。

重要的是，要衡量自己动手与雇用承包商相比，哪种方式更有效率。

▶根据计划书决定细节

在撰写融资计划书时，有几个要点需要考虑。

例如，"由于本店强调的是热情周到的服务，我们会雇用大量的员工来为客人服务，所以会把人工成本定得高一些。"

"由于客单价很低，所以我们将削减正式员工数量，改用兼职员工来运作餐厅。"

"由于原材料成本定得比较高，所以我们将通过设计出高效的利用面积和动线，来降低人工成本。"

像这样，每家餐厅的概念各不相同，因此在计划书里拟定人工成本的时候，也要根据概念预估出合理的金额。

我会和餐厅老板一起，一边密切关注数字，一边开会讨论并做出调整。比如，我们会在商业计划书中进行模拟，如果需要很长时间才能收回初始投资，就要压缩内部装修的费用；如果原材料成本太高，就会改用成本更低的食材，然后通过烹饪，尽可能地保证菜品的品质。

在进行精确的销售预测时，我们会考虑到季节、假期、大型节日等因素带来的影响。例如，如果餐厅定在淡季10月开业，可以预见10月和11月的营业额会比较低，而由于12月是餐饮业的旺季，因此可以预见12月的营业额会很高。

对于翻台率，要这样考虑：假设你有一家50个餐位的餐厅，上座率为七成，调查餐厅所在地区的劳动人口（日间人口）后，所谓午餐时段的2次翻台率，就是50个餐位中的七成餐位翻台2次。

居酒屋这种经营模式，是许多顾客会待上三四个小时的类型，所以翻台率并不高，因此我们会将翻台率假定为一次。在周五，可能会有续摊的客人光顾，所以可以将其设为 1.5 次。

坦率地说，餐饮业并不是那种轻轻松松就能赚快钱的行业。**因此你要掌握你的餐厅周边的客流量，并制订一份各项数据均在合理范围内的商业计划书**，否则你的店将来会陷入不可控甚至很糟糕的境地。

▶想要餐厅成功，必须做好成本管理

餐饮业是一个薄利多销的行业，所以独立餐厅更应该做好数字管理。你需要列出非常详细的数据，例如，如果你预期卖出 1 升酒要赚得××日元，那么就要预先定好一杯酒是多少毫升，卖多少钱一杯。

比如，如果一瓶价值 3000 日元的酒，用 90ml 的酒杯可以倒 20 杯，那么每杯的成本就是 150 日元。如果一杯卖 500 日元，毛利润就是 350 日元（原料成本率为 30%）。一杯成本是 300 日元的酒，在有的经营模式下，可以卖到 900 日元。如果料理和酒合起来的原料成本率为 30%，那么剩下的大约 70% 的毛利，就应该涵盖水电煤气费和人工费等其他成本。

具体来说，原料成本占售价的 30%，人力成本占 30%，这样的平衡比例是比较理想的。不过，不同的经营类型下，一些餐厅的成本率达到65%也很正常。就烤肉店而言，即便原料成本为40%~45%，但由于店里不需要很多人手，因此人力成本可降至20%。总成本率就是65%。

根据我的经验，**即使成本管理做得很好，咖啡馆也是最难赚钱的一种餐饮经营模式**。菜单上每一款产品的单价都很低，翻台率也不高。在一个有Wi-Fi和电源插座的咖啡馆里（现在的咖啡馆通常都会配备这些），有些人会买一杯350日元的咖啡，然后在店里待上五个小时。

如果想让更多的客人光顾，咖啡馆就必须开在人流量大的地方，但这些地方的租金往往都很贵。因此，店里需要增加一些经营项目，比如做一些外卖咖啡，或在晚上提供酒类等等，来努力提高营业额。

对于咖啡馆这种餐饮经营模式来说，如果你雇一个店长，把店交给他来打理，成本就会高出许多。所以许多咖啡馆里，无论是制作咖啡还是接待客人，都是由老板亲自上阵，但是老板给自己开的"工资"却很少。

有很多人都想开一家属于自己的咖啡馆，但除非他们的品位够好，能够在商圈人口和房租之间找到合适的平衡点，否则通常会经营失败。

另一方面，有一些类型的餐厅可以凭借低房租，长久地经营下去。在你家附近,是不是也有一家中餐厅,总是不见有客人上门但也不会倒闭,让人很纳闷呢?

街边家族式经营的中餐厅,看起来总是没什么客人,冷冷清清的,但它们通常能持续经营数十年。

这是因为,这种店是家族企业,所以人工成本没有那么高。而且有许多店的情况是,一家人吃住都在店里,餐厅就是他们的家,所以不需要再支付房租。还有许多店只做"笼统账"餐厅,他们不做详细的账目,往往都是直接从收银机里拿钱,支付给送货人。

这样的餐厅并不指望生意能做多大,能发展多少家分店,他们只要能赚到足够养活一家人的钱就满足了。

▶商业计划书是对即将开业的餐厅经营状况的模拟

就我自己而言,当我为一家餐厅做顾问时,我总是会准备一份模拟开店成本等经营情况的商业计划书,并将其提交给客户。这是因为,商业计划书是通过具体数据,掌握餐厅开业后经营情况的一种必要手段。

我制作了一个"开店成本估算表"(见第141页)。其中,我们将开店的成本设为约1000万日元。在此,我们假设盘下一家方便独立经营的、大小为15坪(约49.5m^2)的旧店,然后在里面开一家居酒屋（根据东京都内的平均价格计算）。

我们假设自有资金为 500 万日元，加上从银行借来的 500 万日元，手里一共有 1000 万日元。至于开一家新餐厅的成本，如"开店成本估算表"中的营运资金（①）一栏的备注所示，我们假设的原料、租金等营运资金，都为大致一个月支出的费用。

不同的餐厅经营模式或客定价，情况会有所差异（客单价越高，座位就越宽敞），但如果我们假设餐厅 20% 的空间用作厨房，80% 用于餐位，那么一家 15 坪的餐厅，可以得到大约 27 个餐位。而制作"营业额预估表"（见第 142-143 页）时，我们假设了午餐时段的客单价约为 900 日元，晚餐时段的客单价约为 3000 日元。

这样算下来，每月的营业额将达到约 318 万日元。在此基础上，我预测了收支情况，据此制作了"年度收支计划表"（见第 148-149 页）。如果按一位老板、一名全职员工和两名兼职员工的数量计算人工成本，那么 1000 万日元的成本可以在 35 个月内收回。在年度收支表中，收入和支出是按年度显示的，但也可以加入月度收支情况，让四季的收支变化一目了然。

租房的押金（见"开店成本估算表"中的②）会在退租解约时返还，但通常会从中扣除一部分折旧费（退租解约时，要从押金中扣除一部分补贴给房东。这是日本房地产行业特有的商业惯例）。不同的房子，折旧费的收费标准也不一样。比如，"折旧费为押金的 20%"或"折旧费为 10 个月押金中的 2 个月押金"。这些都会在合同中注明，押金会在扣除这部分费用后返还。

第4章 | 由成本管理决定的成与败

「XX居酒屋」开店成本估算表

■ 假设以个人出资的方式，开一家独立经营的居酒屋。

■ 假设盘下一间15坪（49.5平方米）的旧店，租金是每坪22,500日元。

开店成本

共计9,937,500日元

分类	项目	明细	金额	备注
商铺租赁费用	押金②	假设为6个月租金	2,025,000	押金有时可以和业主协商。
	中介手续费・礼金	假设各为1个月租金	675,000	礼金也是可以商量的！
	转让费③	假设为200万日元	2,000,000	转让费也可以讲价！
	首期房租	15坪×22,500日元/坪	337,500	
		小计	5,037,500	
装修、设备费用	装修成本	招牌・内外装工程	800,000	重做招牌，改变墙面颜色等。
		招牌设计费和平面设计费	150,000	标识、招牌、传单等平面设计。
		加装厨房电器	150,000	根据旧店的状况和具体经营模式所需的设备而异。
		小计	1,100,000	
	设备成本	桌椅	0	包含在转让费中。
		餐具等用品	200,000	随价位等具体情况而异。
		厨房用品、量器用具	200,000	随厨房刀具等具体项目而异。
		其他设备（收银机等）	150,000	具体金额根据所需的功能而异。
		小计	550,000	
		小计	1,650,000	
其他	印刷品		50,000	传单、餐厅名片等的印刷费。
	广告费、宣传费和招聘广告费		150,000	兼职员工的招聘费等。
	制服		50,000	取决于经营者的偏好和需求。
	其他		200,000	其他杂项所需的各种费用。
		小计	450,000	
营运资金①			2,800,000	房租、人工成本、原材料费等，均为约一个月所需的成本。
		初始投资总额	9,937,500	

※ 上述数字只是粗略的估算，金额视具体情况而定。
※ 为了表述方便，各项成本均按照不含税的价格计算。

141

"XX居酒屋"平均营业额预估表

假设条件

面积	15坪
餐位数	27席　※按每坪1.8个餐位计算。
营业时间	午餐时段　11:30～14:30 晚餐时段　17:00～24:00
休息日	星期日和节假日
客单价	午餐时段　900日元 晚餐时段　3,000日元

	午餐时段					
	客单价	来客数	翻台率	营业时间	营业额
星期一～ 星期四	900日元	43人	1.6	3.0小时	38,700日元
星期五	900日元	54人	2.0	3.0小时	48,600日元
星期六	—	—	—	—	—
星期日	—	—	—	—	—

第 4 章 | 由成本管理决定的成与败

※统计时间为每月24日。

日平均营业额	132,383日元
月平均营业额	3,177,192日元
年平均营业额	38,126,304日元

晚餐时段					共计
客单价	来客数	翻台率	营业时间	营业额	
3,000日元	32人	1.2	7.0小时	96,000日元	1347,00日元
3,500日元	39人	1.4	7.0小时	136,500日元	185,100日元
3,200日元	22人	0.8	7.0小时	70,400日元	70,400日元
—	—	—	—	—	0日元

143

"XX居酒屋"月度收支计划表

假设基本条件

雇员人数（3人体制）

1名店长兼老板	330,000日元	（每月）
1名全职员工	280,000日元	（每月）
1.5名兼职员工	330,000日元	（每月）

兼职人员的安排，按午餐时段1人、晚餐时段2人计算（时薪1,100日元）。假设安排一人在午餐时段工作4小时/天×20天，一人在晚餐时段工作5小时/天×24天，另外一人工作20天。

项目	金额	备注
原材料成本	30%	因经营类型和门店概念而异。
水电煤气费	4.5%	
租金	337,500日元	
支付手续费	2%	因电子支付的应用程度而异。
法定福利费	100,000日元	按每个员工支付5万日元计算。
消耗品及其他	1.5%	
广告宣传费	35,500日元	取决于老板的规划。
交通费	1.5%	
通信费	7,500日元	
固定资产折旧	27,500日元	假设使用定额法折旧，使用年限为5年。装修费、餐具、用具等费用都包括在内（可以在网上进行简单的计算）。
杂费及其他	4%	
还款	91,281日元	借款500万，5年内等额偿还本金和利息。借款按2.1%计算。

※%为占总营业额的百分比。

标准月平均收支表

	金额	占总营业额的百分比
营业额	3,177,192日元	100%
原材料成本	953,158日元	30%
销售毛利	2,224,034日元	70%
销售及管理费用	1,967,703日元	61.93%
人工费	940,000日元	29.59%
水电煤气费	142,974日元	4.5%
租金	337,500日元	10.62%
支付手续费	63.544日元	2%
法定福利费	100,000日元	3.15%
消耗品及其他	47,658日元	1.5%
广告宣传费	35,000日元	1.1%
交通费	47,658日元	1.5%
通信费	7,500日元	0.23%
固定资产折旧	27,500日元	0.87%
杂费及其他	127,088日元	4%
还款⑥	91,281日元	2.87%
营业盈亏④ （销售毛利−销售及管理费用）	256,331日元	8.07%
实际利润 （营业盈亏+折旧费）	283,831日元	8.93%

※占总营业额的百分比，四舍五入到小数点后两位。

租赁商铺的押金，和我们租公寓时交给房东的押金是一样的。由于押金是一笔不小的开支，折旧费也应该尽可能地少交，所以一定要和业主讨价还价。押 10 个月房租的押金，可以通过和房东商量，减为押 8 个月的租金或押 6 个月的租金。

虽然押金以后会返还，但在押的时候就是一笔死钱，所以考虑到餐厅的经营风险，最好是把押金尽量压低。

房东收取礼金也是日本的一种商业上约定俗成的习惯，因此也可以通过和房东商量来降低甚至免除。热门地段的房东往往非常强势，不接受讲价，但我建议还是抱着"谈下来更好，谈不下来也没关系"的心情姑且一试。

同样地，押金或转让费（见第 141 页，"开店成本估算表"中的③）等费用，也都有商量的余地。但是，**第一次自己创业的人往往不会讨价还价，别人让付多少钱就付多少钱，所以我们还是应该能杀价就尽量杀价，不放过一切缩减成本的机会**。

预估营业额时，对餐厅周围环境进行市场调研，是很有必要的。除了参考当地政府提供的统计数据，去商铺周边实地考察，并根据附近店铺的客流量预测销售情况，也很关键。另外，了解每个星期或某个时段，有多少人在你开店的商铺前面经过，也同样重要。

顺便说一下，转让费是指下一个租户接手餐厅的内外装修、厨房设备、空调、卫生间和其他设备（有时还包括餐具和装饰品）需要支付的费用。一般来说，合同会要求租户在撤店时，必须将所有内外装修和设备全部拆除，同时产生拆除费用。另外，如果下一个租户，从清空甚至框架状态的木房子上重新装修，又得花上一大笔装修费。所以，**承接转租店面对于承租人和转租人来说，都是十分经济实惠的**。

▶写一份让银行和自己都满意的商业计划书

当你想要从银行或日本政策金融公库（JFC）贷款时，你必须提交一份上述的商业计划书（各机构都有指定的表格，但我建议你自己制作一份）。

如果你没有证据支持各种报表中给出的数字，导致这些数据没有说服力，或者无法说明问题，你就可能无法获得全额贷款，甚至可能被直接拒绝。

如果你想借到全额贷款，你就要准备一份详尽周密的商业计划书（你可能还需要一个担保人或某种抵押物）。

在开餐厅之前，你需要准备的报表有"开店成本估算表"、"营业额预估表"、"月度收支计划表"以及"年度收支计划表"，但一旦真正开始经营，最实用的其实是"标准月平均收支表"（见第 145 页）。

"XX居酒屋"年度收支计划表

基本假设条件	假设为标准营业额的-10%	标准营业额	假设与前一年相比增长5%
	第1年	第2年	第3年
营业额	34,313,674	38,126,304	40,032,619
原材料成本	10,294,102	11,437,891	12,009,786
销售毛利	24,019,572	26,688,413	28,022,833
销售及管理费用	23,154,923	23,591,440	24,391,792
人工费	11,280,000	11,280,000	11,844,000
水电煤气费	1,544,119	1,715,688	1,801,472
租金	4,050,000	4,050,000	4,050,000
支付手续费	686,275	762,528	800,654
法定福利费	1,200,000	1,200,000	1,200,000
消耗品及其他	514,706	571,896	600,491
广告宣传费	420,000	420,000	420,000
交通费	571,896	571,896	600,491
通信费	90,000	90,000	90,000
固定资产折旧	330,000	330,000	330,000
杂费及其他	1,372,550	1,525,056	1,601,309
还款⑦	1,095,376	1,074,376	1,053,375
营业盈亏	864,648	3,096,973	3,631,041
实际利润	1,194,648	3,426,973	3,961,041

※为了表述方便，第一年按12个月的营业期计算。

盈亏平衡点（保本点）参考值
日营业额　　121,442日元
月营业额　2,2,914,608日元

盈亏平衡点参考值，就是贴近上述原材料成本和销售及管理费用的总额的数值。因为原材料成本或人力成本会随销售情况而波动，所以这里的数据只是一个大概的指标。

第4章 | 由成本管理决定的成与败

	固定资产折旧结束（到达法定耐用年数）	应该准备进行一些修缮了		
标准营业额	假设与前一年相比增长5%	标准营业额		
第4年	第5年	第6年	总计	
38,126,304	40,032,619	38,126,304	228,757,824	100%
11,437,891	12,009,786	11,437,891	68,627,347	30%
26,688,413	28,022,833	26,688,413	160,130,477	70%
23,549,438	24,349,791	22,187,064	141,224,449	61.74%
11,280,000	11,844,000	11,280,000	68,808,000	30.08%
1,715,688	1,801,472	1,715,688	10,294,128	4.5%
4,050,000	4,050,000	4,050,000	24,300,000	10.62%
762,528	800,654	762,528	4,575,168	2%
1,200,000	1,200,000	1,200,000	7,200,000	3.15%
571,896	600,491	571,896	3,431,376	1.5%
420,000	420,000	420,000	2,520,000	1.1%
571,896	600,491	571,896	3,488,566	1.53%
90,000	90,000	90,000	540,000	0.24%
330,000	330,000	0	1,650,000	0.72%
1,525,056	1,601,309	1,525,056	9,150,336	4%
1,032,374	1,011,374	0	5,266,875	2.3%
3,138,975	3,673,042	4,501,349	18,906,028	8.26%
3,468,975	4,003,042	4,501,349	20,556,028	8.99%

※占总营业额的百分比，四舍五入到小数点后两位。

⑤投资成本回收估算表
1,000万日元　35个月
1,200万日元　42个月
1,500万日元　52.5个月

在正常的收支情况下，什么时候可以收回投资额呢？顺利的话，有望在商铺租赁合同期内（2—3年）回本。

149

从总营业额中减去原材料成本，再减去销售及管理费用，如人工成本和水电煤气费，就可以得到营业盈亏（"月度收支计划表"中的"标准月平均收支表"④），所以尽管这里是一个虚构的数字，但可以供你作为参考。

在试算表中，我们假设与银行签订了一份还款期为五年的贷款合同，计划能够在五年内还清债务（贷款资金）。具体来说就是，假设每月的还款额约为91,000日元（见第145页，"标准月平均收支表"⑥），每年还款约100万日元（见第148页，"年度收支计划表"⑦），计划在五年内还清贷款。

这些报表中最重要的部分是每月和每年的"收支计划"。我们预测赚回（偿还）贷款所需的年限，供银行参考。

如果能够筹集到投资成本（包括贷款资金），我们希望餐厅能在商铺租赁合同期内（2~3年）回本（见第149页，"年度收支计划表"⑤中的"投资成本回收估算表"），但如果感觉在此期间回本比较困难，我们就应该在数据上压低成本，体现出较高的利润，例如调整内装的规格来压缩装修成本；或者把原本计划在厨房安装一整套全新的设备，换成二手的。如果你在内装上花了太多的钱，利润上的吃紧就会像重拳的后劲一样，在后期才慢慢显露出来。

无论是那些对数字敏感的生意人，还是那些厨师出身、对数字不敏感的老板，我都会交给他们一份包含这些详细数据的报表。

在后一种情况下,他们中的大多数人都不愿意看这些数据,并说:"咱也看不懂这些……"但我会告诉他们:"你必须努力搞明白这些数据。经营餐厅时如果没有抱这样的态度,就注定会失败。"我告诉他们要树立积极的心态,要有一个身为经营者的意识。

"经营餐厅会产生什么样的费用,要花多少钱?"

"假设以这样的餐位数、客单价和员工人数,利润应该有这么多吧。"

由于很少有人能以这样的思维方式,列出具体的数据,并据此制订计划,所以类似"如果原材料成本为30%,人工成本为30%,那么利润怎么也得有10%左右吧",这种所谓的"笼统账"才大行其道。

这最终会使餐厅难以为继,所以应该用详细的数据进行模拟,就像真正经营餐厅那样。

我们应该制订商业计划书,预估一年后的情况,测算需要多少个月才能盈利并收回初始投资。

特别是当个人向银行借贷开店资金时,最好尽可能多地收集客观证据,并准备一份详细的贷款偿还计划书。

有的经营者的观念是"等餐厅赚到钱后,再给自己发工资",然后把人工成本定得很低。但其实你应该从一开始就把自己的工资列入计划书内。从银行的角度来看，如果你的计划书中有这部分现金流，他们就会认为，即便店里的营业额低于预期，但如果你削减自己的工资，你仍然可以每个月正常地偿还贷款。

关键是要让银行认为，"创业者贷出500万日元后，万一餐厅营业额下降，还可以削减自己的工资，这样仍然可以每月偿还9万日元贷款"。从而通过你的贷款申请。

▶应该每天去预选地段"踩点"

第143页的营业额预估表，是我根据自己的经验制作的，并没有真实的店址。但实际上，没有去实地进行市场调查而得出的数据，只是一种空洞的理论。

这是因为，在准备预测报表时，你会越写越乐观，并容易把数据夸大，如"安排这么多的餐位，肯定会提高翻台率的"，或"在午餐时段，一起接待60位客人也没问题"。

客人的翻台率也是如此。有时候你会自信地认为"一张桌子在晚餐时段，肯定能翻两次台，一次在下午5点，一次在晚上9点"，但当餐厅真正开业后，经常是顶多就翻一次台。有时候，餐厅在下午5点开门，但顾客在7点以后才上门，然后他们会在餐位上一直吃喝到晚上11点。

为了做出有理有据的销售预测,我们会在一周的不同日子,或一天的不同时段去预选地段"踩点",并研究隔壁餐厅的客流量、目标群体和利用场景(比如,什么样的客人会去什么样的餐厅;他们是商务人士、一家人还是学生;客人们都是什么年龄段的人,一天中什么时候开始喝酒,每组客人都有多少人,等等)。

对客单价和翻台率差不多心里有数后,就可以通过估计附近餐厅的整体营业情况,制订一个有理有据、切合实际的商业计划书(营业额预估表)。

同时,通过对路上人流的测算,我们可以了解这个地段的特点,并做出详细的预估,例如,"这条街的行人中,每小时会有5%的人进店"。

此外,如果你有充足的准备时间,比如你打算在一年后开一家餐厅,你就可以试着在你心仪的地段,找一家餐厅去实际工作看看。**进行市场调查,获得更多的信息,不仅能让你的销售预测有更可靠的数据支持,还能帮助你规避经营失败的风险**(参见第154页的预选店址市场调查报告示例)。

在餐饮业,谁掌握了更丰富的信息,谁就占据了优势地位。

预选店址市场调查报告示例

■**预选店址**　东京都涩谷区001-2-3号ABC大厦1楼（15坪）

■**地段特点**　预选店址位于XX街沿线，XX街是从XX站（客流量2.8万人/日）检票口向东延伸的主干道。该位置人流量大，离车站只有步行3分钟的路程，属于黄金地段。毗邻的是一栋主营潮流服饰的商业大厦。这一带有不少入驻了服装公司和设计公司的写字楼，所以在工作日里存在大量的工作人口（参见以下数据）。街边的巷子连通住宅区，半径1公里内大约有2万人居住。

	优势	劣势
市场	• 商圈辐射范围很大。 • 聚集到商业大厦中的商圈外客户也成了目标群体。 • 有越来越多的外国游客来这里观光游玩。 • 劳动人口正在逐年增加。	• 附近居民的老龄化在不断加剧。 • 晚餐时段客人们离店都很早。 • 团体宴会订单的数量正在减少。 • 附近居民中，富人的数量正在减少，而单身人士的数量正在增加。
位置	• 商铺门前的人流量很大。 • 位置很醒目。 • 门面宽阔，容易招揽客人。	• 商圈内有许多相互竞争的同行。 • 隔壁大楼或门店所在大楼的高层，也均没有餐厅。 • 商铺前面是一条公共道路，所以不能摆放立牌。
消费群体	• 主要目标客户群是在附近上班的男女职员。 • 客户群中，年富力强的30多岁的中年人占大多数，20~50岁的客人能占到60%。 • 在周末，一家人也属于目标客户。	• 顾客对午餐的需求，要大于对晚餐的需求。 • 宴请的需求很小。 • 外国游客变多了。
同业竞争者	• 附近有许多同类型的大众化连锁餐厅，所以很容易与之形成差异化。 • 附近很少有餐厅具备明确的门店概念，并讲究严选食材和手工现做。 • 附近很多餐厅招呼客人的方式都比较老套。	• 附近有许多价格便宜的中低档家常菜餐馆。 • 大型连锁店之间的"折扣大战"很激烈。 • 带包间的大饭店吸引走了团客预订的订单。

■商业圈数据示例（2017年）

	半径500m内	半径1km内	半径2km内
总人口	6,329人	19,945人	114,741人
男性人口	3,009人 （47.54%）	9,504人 （47.65%）	55,302人 (48.2%)
女性人口	3,320人 （52.46%）	10,441人 （52.35%）	59,439人 （51.8%）
昼间人口	29,002人	105,404人	653,043人
住户数	3,854户	12,042户	69,522户

■年龄分布

	半径500m内	半径1km内	半径2km内
20~29岁	14.18%	13.83%	14.66%
30~39岁	19.69%	19.02%	19.54%
40~49岁	15.82%	16.18%	15.96%
50~59岁	11.75%	12.21%	11.87%
60~69岁	12.63%	12.44%	12.48%
70~79岁	8.58%	8.89%	9.04%

■商户数量

	半径500m内	半径1km内	半径2km内
全行业商户数量	1,676件	5,706件	31,787件
餐饮业商户数量	115件	411件	2,989件
全行业从业人数	24,588人	89,231人	576,415人

▶乐观的预估被现实无情地"背叛"

对翻台率进行预估是很重要的环节,所以下面我来谈一谈这方面的问题。我的一个朋友开了一家独立经营的居酒屋,他曾在商业计划书里乐观地估计,"我的店每天肯定能翻两次台",但当他的餐厅开起来之后,店里仅能够翻台一次,因此营业额没有上去。

许多老板会以为,"开居酒屋,两三个小时内就能翻一次台,所以晚上6点到9点和晚上9点到午夜,就能翻两次台",但往往实际情况并非如他们所愿。

很多客人会在晚上7点到8点光顾,然后一直在店里待到晚上11点。这样的客人,10点以后已经吃得很饱,所以也不怎么点单了。也就是说,当你打算开一家居酒屋时,**除非你的店在车站前的黄金地段,否则你需要设计一些经营策略,让餐厅在一次翻台的情况下也能有钱赚。**

不知为何,大家在制订商业计划或策划门店概念时都会很豪气。"如果想象一些不好的事情,它就会变成现实,所以要做乐观的估计"。我们应该摒弃这种不负责任的盲目乐观心态,要着眼于现实的数据,思考应对的方法。

▶要根据实际观察到的情况制订计划，而不是仅凭经营者主观意愿

我之前提到过，在担任餐饮顾问时，我会就"如何看懂商业数据"，以及"如何提供数据让银行同意贷款"，向客户提供指导建议，但我的工作远远不止于此。

银行会担心借款人不能按时还款。因此，如果你的数字有理有据，比如，你能够说明为什么你可以预期每月有318万日元的营业额，银行才会放心地放贷。

如果你上网访问区政府等政府机构官网，你就能查到当地住户的数量、家庭结构，居民的平均年龄，家庭平均收入，以及白天的工作人口数。因此我会建议客户，用这些数据来支撑你的计划书，例如："此处营业额和客单价的设定是合理的"、"即使拿35万日元来支付各种费用，如租金、原材料成本和老板自己的工资，店里仍然会有这么多的利润，所以我可以在几年内把贷款还清"。

一个在销售预测方面过于激进的计划书，很容易导致贷款失败。比如，你试算出的月营业额明明是318万日元，却非要写成400万日元或500万日元，这会让银行产生疑虑。

与此相反，如果你预设一个诚实可信的数字，比如，"这是一家居酒屋，所以翻台率只有1次，但我们估算了稳妥的营业

157

额",你就可以向银行报告,"我们预计月营业额为318万日元,但当我们正式营业后,会努力冲到400万日元"。接下来,如果你在**一年内都按时还款,并获得了稳定的利润,银行甚至会考虑对你追加贷款支持**,这时你的第二家店也可以提上日程了。

如果你的预算不多,可以在租金低廉的地方开第一家店,等生意稳定了,你就可以在你心仪的地段开第二家店了。

如果你不想向银行贷款,你也可以成立一个公司来招股。或者你可以利用互联网,通过众筹筹集资金,还可以向亲戚、朋友或熟人借钱。由于餐厅的投资人变多了,所以除了要为他们提供优质的服务,招待他们吃好喝好,还有必要为他们准备丰厚的分红或投资人优惠券。

▶餐厅开业后,也要保持对数据的追踪管理

让我再来谈谈在餐厅实际开业后,应该怎样管理成本。

餐厅开业后,你要统计店里的销售情况,并针对出现的问题,利用真实的数据找出原因所在。比如,为什么你的原材料成本超过了预期,或者为什么你的人工成本超出了预算。然后,重新修订商业计划书,并不断改进和完善它。

通过数据管理,可以及早采取措施,对原材料成本和人工成本进行调整。

大型连锁餐厅有着成熟的 IT 管理系统和员工培训模式，他们的系统很完备，因此员工之间可以共享数据。

另一方面，很少有独立经营的餐厅能做到这一步，许多餐厅往往在数据管理上敷衍了事，净做一些"笼统账"。到头来，**账面上是盈利的，但店里不知不觉就资金不足了；或者账面上是亏损的，但老板却不知道该从哪里着手改进，最后只好以关店收场。**

一般来说，经营者的观念都是"菜做得好吃，就不愁没有顾客"或者"餐厅的服务好，就不愁没有顾客"。这些的确是立业的根本，但是只依靠口味和服务却疏于做数据管理的餐厅，大多数都是很快就倒闭了。

在餐厅经营者的职业生涯里，能否一直拥有这家属于自己的店，其实是个未知数。为了让餐厅持续经营下去，为了聘请到优秀的员工，甚至将来把餐厅转手，在餐饮业的商海中沉浮，都必须不断地学习。经营者不仅要做好数据管理，还要更新社交网络的知识，以便接收和发送信息来招揽顾客。

随着年龄的增长，你会逐渐失去接受新事物的能力，时常被人笑话："你连 PL（损益表 Profit and Loss Statement）都不会看吗？"很多时候你就是"无能的大叔或大妈"。

现在，管理数据已经变得非常容易了，你可以直接在 excel 表格中输入数字，也可以将收银机和电脑连接起来记账，只要下决心，任何人都能够学得会。

经营者如果随着年纪和阅历的增长，却不具有相应的管理水平，那么那些擅长数字和互联网的年轻店长、主管或区域经理，就会把你看成是一个"拿着高薪却不能胜任工作的人"，或者是一个"连数字管理都不会的无能前辈"。

的确，长期从事餐饮业的人，在工作中积累了丰富的知识和经验，也具备在实践中锻炼出来的"临场直觉"。不过，为了将来能在餐饮业中生存下去，你还需要掌握各种技能，要懂得根据数据制订策略，并能在一线付诸实践。

▶让所有员工，包括厨师，都认识到数据的重要性

在我的直营餐厅，我们会定期举行会议。会议规模分为三种：全体员工参与、全体店长参与以及一对一面谈。

我们鼓励员工提出议题，如菜单更换、人工成本和原材料成本等经营方面的问题点，以及招揽顾客的促销方法和活动等等，从而不断地寻求改进的方法。

此外，我们还鼓励员工表达自己的想法，比如：打算如何补充自己作为一个餐饮人所欠缺的技能，个人目标的规划，认为餐厅存在哪些问题以及如何改进，还有餐厅应该怎样应对因

东京奥运会而增加的入境消费方面的问题，等等。

此外，除了管理层，我们还向所有员工，包括厨师，展示每个月的损益表，以增强他们注重数据的意识，并养成自己研究对策的习惯。

例如，在我们公司，如果在日报表中输入营业额、每个员工的工作时间以及供应商交付的食材，就会反映出当前的收支情况，系统也会以数字的方式显示出还需要多少钱才能达到目标营业额。

至于厨师，我们会请他参考这些数据，同时想办法控制原材料的成本，比如"这个月的原材料成本太高了，所以月底就少下一些订单，降低采购成本吧"或者"为了减少食材的损耗，明天就推出一个用剩余食材制作的推荐菜吧"。

已经有13个人从我们公司独立出来单干了，他们都很有上进心，觉得自己"虽然在菜品和酒水方面是行家，但对经营餐厅却一窍不通，所以想要好好学习"。而现在，他们都成了擅长开发经营模式和管理数据的经营者。

▶压缩原材料成本和人工成本，并不是一件难事

控制原材料成本和人工成本，对于创造利润来说是很重要

的。我们需要关注原材料成本、人工成本和实际利润这三项，并管理好每项的数据（见第145页，"月度收支计划表"中的"标准月平均收支表"）。

如果你是曾在餐厅工作过然后自己出来创业的经营者，那么你应该对前公司的收支情况有所了解。例如，那些店的原材料成本率平均为30%，如果你的店里也采用类似的菜品结构，那么就很容易把原材料成本控制在相同的水平。

如果经营者根据每月的收支情况，把自己、一名全职员工和两名兼职员工的工资，分别定为33万日元、28万日元和33万日元，那么人力成本的总支出就共计94万日元。在这个定价的基础上，从销售预测逆推你的利润，如果每个月都没有盈利，那么就要在采取措施提升营业额的同时，调整菜品的价格或原材料成本率。

或者，我们还可以在其他方面努力，比如改进操作流程，用更少的人和更短的排班时间来运转餐厅的生意，来让账面实现盈利。

如果你想削减人工成本，可以尝试改变菜品结构或备菜的操作流程。你可以在不影响顾客满意度的情况下进行整改，例如对一些市面上的食材和调料进行加工，使其成为你的店原创的备菜和调料。

失败案例 店家栽在了固定成本上（大井町·炸串店）

▶装修费过于节省，反而增加了固定成本

接下来，我要讲一个由于在装修费用上过于节省，结果导致厨房的进气和排气都不畅通，大厅的空调也不好用，所以流失了许多顾客的案例。店里的空调仿佛是摆设，让客人在夏天觉得很热，在冬天不敢脱掉外套，也难怪顾客会没了胃口。

此外，由于这是一家炸串店，如果空气不够流通，餐厅就会充满油烟味，这不仅会让客人大倒胃口，还会让客人满头满身都是油烟味。

这是在琢磨菜品之前就应该解决的问题，所以别无他法，我只能建议店里再多安装一台空调。

偏要在本应该花钱的地方省钱，得到的效果就会大打折扣，到头来，店里不得不花费更多的钱。固定成本（水电煤气费）增加了，给餐厅的现金流也带来了压力。

对于一个容易产生油烟的餐厅来说，如果掌握不好进排气之间的平衡，会造成很大的麻烦。不要因为一时贪图便宜，就安装一个功率很小的空调。有时候，你会因为看中了商铺的外装而租下了它，但在真正使用之后，才发现建筑本身的空气流通其实有问题。像这样，由于设备的缺陷而导致餐厅经营失败的例子不在少数。

▶盘下旧店时需要注意的事项

这家炸串店，原本是接手了一家转让店而后开起来的。我建议资金不够充足的创业者，可以考虑接手转让店。开餐厅的装修成本中，最昂贵的部分就是厨房区域。

餐厅开业之前，卫生监督所也会来上门检查，所以如果铺面已经做了防水处理并配备了厨房设施，就可以大大地省下一笔装修费。

房产中介手里会有这样的转让店房源，网上也有很多转让的信息。

我每天都会收到几十条餐厅商铺的出租信息。其中八成都是转让店。有一些还是没有挂到网站上的旺铺房源情报。

正因为我已经实地考察过数百间商铺，我才能通过结合商场或购物中心的宣传，在网上查看地图，以及即将或已经入驻该商场的商铺信息，大致了解到这是一间什么样的铺面。不过，当看到感兴趣的商铺时，我还是至少要去实地考察一次。

实地考察时，应该重点检查冰箱等厨房电器，以及空调等设备是否干净，是否能正常使用。

有时候，在你租下商铺之后，才会发现空调的功效很差，或者冰箱的冷冻、冷藏室不制冷，排气管道不排烟，水槽漏水，制冰机制冰速度慢等等，最后导致后续的花费更大。因此，当你在考察一间商铺时，凡是能打开的设备都要打开，亲自试一试好不好用。

如果通了煤气和电，也应该都打开试试。因为如果大楼比较旧，可能里面的很多设施都已经坏掉了。

仔细检查这些设施，防止意外情况的发生，能让餐厅的经营更加顺利。

失败案例 经营者在兼职人员的管理上，出现了失误（神乐坂·意大利餐厅）

▶通过安排得当的班次，将人工成本维持在预算之内

压缩人工成本的其中一个方法是：可以根据餐厅的经营情况，让兼职员工提前下班。店里有权力这样操作。

当然，兼职员工也有挑选兼职的日子，以及请假提前下班的权利。从这个意义上说，双方的关系是对等的。

例如，在店里没什么客人的时段，可以把由三个兼职员工值守，改成由一个兼职员工值守。在这种情况下，管理者很容易只让一个回去，留下两个人值守，但是别忘了积少成多。如果按月或按年计算一下付给兼职员工的酬劳，这可能是一笔不小的开支。在雇用兼职员工时，告知他们有可能会提前结束工作，并与他们建立良好的关系，是非常重要的。

人工成本超额的另一个典型例子，就是无条件满足兼职员工的排班意愿，结果安排了过多的人员来运转餐厅，其实根本

用不了这么多的人。这样下去，餐厅肯定会赔钱。

这正是曾经来找我做咨询的一家西班牙式酒吧当初的情况。老板希望我能帮助他的店摆脱亏损的困境，于是我做了一番调查，结果发现，他的店人工成本高得惊人。

我很奇怪："为什么这种规模的餐厅，会有如此之高的人工成本呢？"

当我翻查之前工作记录时，我发现有很多天，大堂里都同时有七个人在一起工作。

我认为，以这家餐厅的规模，安排三四个员工就完全能忙得过来。当我询问店长时，他回答道："哦，那是因为每个人都说，想在这一天兼职……"也就是说，他不懂得拒绝。

这位店长可能是个很善良的人，但他没有管理的意识。兼职的学生们会把剩下的兼职都往前排，这样到了考试期就不用来打工了。

这样一来，餐厅和兼职员工的关系就不对等了。结果，那些兼职员工都无所事事，一直在互相聊天。

在进一步询问这位不懂得拒绝的店长后我了解到，在排班上，兼职者还提出了各种要求，比如"他想多排班，最好一个月能赚 8 万"，"她想少排班，因为她也有自己的生活"。如果不能满足他们的要求，他们就会辞职。但是，如果这种情况继续下去，将会给餐厅的经营带来压力。

于是，我为这家店制作了一张轮班表，并提供了应该如何管控兼职员工数量的范例。之后，店里在人事管理上进行了调整：除了看重个人能力，**我们会优先安排那些愿意在餐厅人手不足的日子里来工作的积极员工轮班，并提高他们的时薪，尽量满足他们提出的要求**。对于那些排不到他们想要的班次的人，我们会把他们介绍给其他餐厅，鼓励他们同时也在那边打工。

后来，这家店把班次安排得十分妥当，将人工成本控制在了预算之内，并激发了每个兼职员工的积极性，增强了他们的责任感，从根本上将餐厅的"亏损体质"转变成了"盈利体质"。

> **失败案例**
>
> 即使餐厅正在赢利,也会遭遇破产的危机!——消费税的陷阱(涩谷·西班牙餐厅)

▶消费税和社会保险就像冷酒一样,"后劲"很大

消费税是一个棘手的问题。一般来说,个体商户在经营的头两年可以免缴。如果公司的资本金少于1000万日元,也可以免缴两年。

也就是说,餐厅在开业的第三个年头,就突然被要求缴纳消费税了。案例中这家店就是这样。通常情况下,计算利润时要扣下消费税的部分,作为纳税的储备金。

然而许多独立经营的餐厅,会从包含了消费税在内的营业收入中支出各种款项,还沾沾自喜地认为:"我们赚了这么多钱,真的太好了。"

然后有一天,餐厅突然就被一次性地征收了消费税。税单上的金额可能是几百万日元,如果你手头没有多少现金,你就

会陷入恐慌。

例如，**有一个店主欣喜地说："今天店里达成了 30 万含税的营业额。"但如果除去税金，营业额为 27 万日元左右。统计营业额的时候，不能把消费税计算在内。**

在餐饮业，一般来说，营业额中的消费税额（由顾客的消费行为产生），减去采购原材料等费用中的消费税额（由经营者的消费行为产生），就是要缴纳给政府的税款，所以你需要提前储备出这部分款项（还有一种方法是通过简易课税制度缴税，即缴纳营业额消费税额的 40%）。

我建议这家店分期缴纳消费税，并像我们公司一样，包括日报表在内的所有报表，均按不含税金额计算账目。

由于这家店本来就是盈利的，所以在利用合理的支付计划缴纳了税金后，餐厅的生意得以延续了下来。

同样地，不要忘记还有社会保险。店员的社保有一半是由店里承担，所以需要从每月的营业额中支付这部分费用。

如果在商业计划书中创建一个名为"法定福利费"的项目，并将其纳入账目计算中，你就不会忘记"这一笔款项是必要支出"，但如果不做这样的准备，以后在资金周转上就会出问题。

> **成功案例**

拒绝"笼统账"！通过制订商业计划书管理预算，让餐厅扭亏为盈（中目黑·小酒馆）

▶只需一点巧思，就可以消除浪费

曾经有一家一直做笼统账的餐厅，请我帮助他们从根本上改变"亏损体质"，于是我就如何达成目的制定了一个年度计划，并与经营者一起研究了策略。

最容易着手改善的，是缩减人工成本和原材料成本。在这家餐厅，我重点关注的是原材料成本。这家餐厅原材料的成本率接近40%，所以我们研究了**如何降低原材料的成本但不会影响料理的品质，甚至还能让顾客吃得更满意。**

我们决定，用安格斯牛肉代替和牛，制作店里的招牌菜"炖牛肉"。我们认为，如果在采购模式和烹饪方法上用心做出改变，料理的味道和客户满意度就仍然会有所保证。于是我们绞尽脑汁，做出了许多尝试。

过去，店里肉类的边角料都会被直接丢弃，现在我们会把它们收集起来，剁碎后做成可乐饼。同样，我们还把虾头和鱼骨变废为宝，炸制后做成"骨仙贝"，并与午餐时段没用完的鱼一起，作为晚餐时段的特别菜单推出。

我们还把剩下的土豆也做成了可乐饼，这样可以保存得久一点。只要你愿意花心思琢磨，肯定会研究出许多充分利用食材的好方法。

我建议经营者们始终牢记，采购食材的资金是好不容易才贷到的（或赚到的），所以应该想办法研发一些新菜，充分利用这些食材。

这样，**可以加强经营者的成本意识，改掉做"笼统账"的坏习惯，并通过详细的账目来发现损失和浪费。**

说起来，这些都是基本的、很常见的措施，但这家店正是因为贯彻了这些措施，才有了现在扭亏为盈的局面。

▶做一个对采购要求严格、不容供应商轻视的老板

就算你写好了一份商业计划书，但如果你只是把它交给餐厅老板，说"请参考这个"，他也一下子不知道具体该怎么做。

因此，我和这位客户坐在一起进行了研究，并决定从食材的采购上下手，打算将原材料成本率从40%降低到30%。

我们一边对比配送清单,一边整理出从哪家供应商采购蔬菜会更便宜,或者从哪家供应商采购干货会更便宜。此外,我们还拿到了多家配送公司的报价。

这样做不是为了打压配送公司的报价,而是为了在信息对称的基础上,以公平的价格与他们做生意。配送公司也是帮助我们更好地服务顾客的其中一环,因此,彼此建立起良好合作关系是很重要的。

为此,关键在于要选择一家值得信赖的、"了解熟悉各种食材,眼光好"的配送公司。

比方说,如果你对收到的货品不满意,比如鱼或肉的品质不值这个价格,或蔬菜有损伤,就应该直截了当地说,"这条鱼不能用,麻烦给我换一条好的"。如果你收到的食材品质不好或不值这个价,就应该退回去,重新让他们送一批新鲜的过来。

这样做会让配送公司明白"你是个内行",这样他们就不会随便敷衍,而是会认真挑选质量好的货品配送给你。负责任、有担当的店长或厨师,才是对顾客有利的人。

另外关于食材,我还给出了以下建议。最近,直接从原产地采购食材变得越来越方便,而且市面上还出现了各种新型食材,以及不使用杀虫剂或使用有机肥料种植的绿色健康环保的食材。

我希望经营者能始终保持敏锐的嗅觉,**抽出时间去你感兴**

趣的食材原产地考察，或参观在国际展览馆等地举办的餐饮业展览，发现新的食材。

想要让餐厅经营获得成功，就有必要为了服务顾客，或为了降低成本，进行各种各样的尝试，而不能被"一向如此"的惯例束缚。

> **成功案例**　用一道成本率高达50%的菜，让餐厅生意兴旺的夫妻店（浅草·西餐厅）

▶用一道不赚钱的菜招揽了顾客

曾经有一家主打肉类菜肴的餐厅，委托我做他们的顾问。当我去店里查看菜单时，发现有一道量很大的肉菜，才卖1500日元，于是我问老板：

"你这道菜的定价也太便宜了。你为什么把它定得这么低呢？"

老板回答道："这道菜最初定的是3000日元，原材料成本率是30%。但是都没有什么客人点，所以我们只好逐步降价，就成了现在的1500日元了……"

一般的顾客不太可能知道个中缘由，但那些碰巧尝过一次的人，都会对这道菜的分量和味道留下深刻印象，并肯定会再次点单。

换句话说，这是只有懂行的人才会点的一道菜。

试吃过之后，我建议老板："这么大的量，这么好的味道，价格却低到让人难以置信！应该把它作为一个每日限量 20 份的招牌菜推出去。"这道菜一经推出，果然火爆了全城。

在此之前，因为店里没有进行特别的宣传，所以这道肉菜一直被埋没在其他菜品中。真是太浪费了！像这样，**推出一道原材料成本率高达 50% 甚至 80% 的菜品，宣传成特价菜来招揽顾客，让餐厅生意火爆**的例子，其实有很多。

虽然想办法降低成本很重要，但是也要**考虑到餐厅整体成本的核算**。

如果你把食材成本压得很低，顾客一看菜单上全是廉价的菜肴，下次就不会再来了。因此，你可以像这家店一样，引入一些"特价菜"，让菜单整体上显得很平衡。

> **失败案例** 尽管位于步行2分钟即可到达车站的黄金地段，却因为过度削减原料和人工成本，而"自掘坟墓"（新桥·药膳料理）

▶餐厅即使位于黄金地段，也有可能倒闭

东京新桥站是日本铁路的发源地，也是上班族们在下班后，常去喝酒放松的小天地。

这家店距离车站只有步行两分钟的路程，租金自然也很高，但这一带的确是一个客流不断的黄金地段。如果按常规方式经营，就算不能发大财，钱也不会少赚的。

然而，这家药膳餐厅的营业额并不理想。于是，为了降低原材料成本，他们决定采购更加便宜的食材。

这家店本可以在烹饪上下功夫，把这些食材做得很好吃，但店里只是把菜量减小，菜品减少，所以菜单变得越来越寒酸。

由于这一招并不奏效，他们就又辞掉了一些员工，来削减人工成本。结果大堂里的服务员开始忙不过来，顾客需要招呼

好几次服务员才能点菜下单。

如果料理看起来很廉价，需要等待的时间过长，而车站附近还有很多其他餐厅，客人们说"我们去别的餐厅吧。这家店的食物不好吃，服务也不怎么样"，也就不足为怪了。当然，客人们渐渐地都不来这家店了。

没有顾客了以后，这家店又变得很冷清，所以兼职员工的排班也变少了。于是，他们觉得赚不到什么钱，也就都辞职了。

虽说店里很冷清，但偶尔还是会有顾客上门，所以重新招聘兼职员工又是一笔开销。尽管花了钱，却仍然招不上人，所以老板还得继续支付招聘费……

总之，这家店只有出账，没有多少进账，最后陷入了恶性循环。其实，有许多独立经营的餐厅，都陷入过这种模式中。

减少菜量并不是一个坏主意，但前提是必须用心把菜做得更好吃，或者开动脑筋，投入时间和精力，开发出店里的招牌菜。

比如，麻婆豆腐是一道成本非常低的菜（豆腐、面粉和鸡蛋都是非常便宜的食材）。

因此，如果通过加入药膳调料，开发出具有附加值的菜品，再改变一下餐具或摆盘等上菜方式，打出"××独家特制！超辣药膳麻婆豆腐"的招牌，并写上能促进新陈代谢和改善身体机能的标语，以1200日元的价格出售，餐厅或许能够回本。

然而，当他们来咨询我的时候，已经太晚了。这家店已经到了非得关店整改不可的地步，但老板已经没有那么多的资金了。

在这种情况下，唯一能做的就是撤店，把损失降到最小。我的这份顾问工作，最后变成了帮助这家餐厅撤店。

开店时就提前规划好撤店方案，是很重要的

▶当初定下的经营理念，不知不觉间变了卦，结果导致餐厅经营不善

如果前来做咨询的餐厅已经亏损了一段时间，我首先会考虑，如何在维持现有的经营模式下挽回损失（增加营业额），并就如何开发畅销菜单，如何进行广告宣传，以及如何改进管理模式来降低成本等方面，为客户提供方案。

然而，还有一种可能性是，你做得越多，损失就会越大。

如果眼下的情况没有突破口，但老板有足够强的经济实力和意志力，我会建议他换一种经营模式。这是因为，曾经有过餐厅因为门店理念与选址不当而经营失败的案例。

然而，如果在改变经营模式后仍不能看到希望的曙光，你就只能选择撤店。另外，如果你的积蓄快用完了，也不能再借到钱了，或者家人不再支持或帮助你继续经营下去了，你就只

能关店。

偶尔，也会有餐厅老板责怪顾问说："我雇用你，就是为了不让餐厅倒闭，结果还是倒了。这都要怪你。"

然而，说这种话的人，绝对是没能保持初心的人。一旦餐厅的经营走上正轨，他们就开始私自决定，违背当初定下的经营理念。

例如，经营者开始贪图更高的利润，不能给菜品涨价就降低食材的品质；或者开始变得懒惰，简化了许多烹饪步骤，导致口味下降；或者加入许多不符合门店概念的菜品，或使用冷冻菜和预制菜。

此外，有的经营者会不知不觉地开始按自己的品位，布置餐具等用品或装饰品，偏离了开业初期的概念。

这样一来，那些逐渐开始感到不舒服和不自在的老顾客，慢慢地就不再光顾了。而新顾客也会对这家店感到失望，不会再来第二次。最后导致店里亏损，这其实是自作自受。

为了守住餐厅的招牌，必须保持住餐厅一贯的品质和经营理念。其中坚持自律需要付出的努力，要比你想象中的还多。很多老板经营失败，就是因为没有做到这一点。

▶提前规划好撤店方案，以防万一

目前，新开张的餐厅中，有六成干不到两年，能坚持经营5

年的,也只有两成(统计数据取自东京都区内)。餐饮业是一个弱肉强食、竞争非常激烈的行业,所以,退出市场时的策略,实际上是开餐厅时最需要考虑的问题。

也就是说,你需要提前考虑好,餐厅处于什么样的经营状况时必须做关店处理。例如,你可以事先决定好,如果餐厅持续亏损×个月,你就撤店。

大型餐企在这方面的制度就非常完善,一般情况下,如果餐厅连续三到六个月处于亏损状态,公司就会做关店处理,或改变其经营模式。

如果餐厅闭店后,客户想要出手转让,我们会帮助客户寻找一个买家,尽量把经营者的损失降到最低。

我们会判断"这种类型的餐厅,开在这个地方生意会很不错",并利用人脉来联系那些有开店计划的人。

如果问了一圈熟人后还没有找到买家,我就会请专门从事餐厅出售转让的中介,来帮忙寻找买家。

装修的转让价格(包括内装、设备、器具等物品的转让费),是由地段和商铺本身的吸引力、价值决定的,当然也要考虑内饰和厨房设备的使用年限。也就是说,越是在黄金地段,或越是商业街旺铺,转让费就越可以定得高一些。

这时候,我们建议客户定一个能够覆盖贷款余额的价格,以便将损失降到最低。

这笔钱再加上房东退还的押金，能够还清所有的债务，是再好不过的了。我认识的经营者中，就有人是押金付了多少钱，就只贷款多少钱，以免万一餐厅倒闭了债务太高。

经营者都很珍视自己的餐厅，所以有的餐厅老板，即使是一直在亏钱，也要硬撑下去。如果无法每月按时向银行还款，他们可能会向消费金融公司或街头钱庄（仅在某些地区经营的中小型消费金融公司）借钱来还贷，如果这样还不够，他们甚至可能会借高利贷。

如果这种情况持续一年，到时候就算你终于下决心出售转让了，恐怕也卖不了多少钱了。

在清算之后，你还会留下债务，这将成为你重新开始的障碍。如前所述，如果你想开一家餐厅，请提前规划好撤店的方案，比如"如果连续赤字多少个月，我就把餐厅关了；如果银行贷款拖欠了多少个月，我就把餐厅出售转让"。

终　章

力争开一家生意长盛不衰的餐厅

有策略地展现经营者的感性思维

▶**经营一家餐厅时,需要处理的事务总是堆积如山**

有人说,这个世界上没有"绝对",但根据我的经验,如果你对餐饮业缺乏足够的热情,即使有一个好的开始,也注定要失败。

开餐厅其实是一份很辛苦的工作,工作量大,同行竞争也很激烈,所以除非有足够的热情支撑着你,否则你一定坚持不下去。

也就是说,如果你不是一个**喜欢为客人提供美味的料理、看到客人满意的笑容就浑身是劲**的人,你就做不到坚持在解决各种繁杂问题的同时,还能不断完善你的餐厅。

在你兴奋地宣布"我有了一家属于自己的餐厅,一切都是我说了算"之后,接踵而至的就是堆积如山的事务:除了日常经营,打烊后还要做清洁,为第二天开店做准备;之后还有整理、收银的工作等着你；空闲的时候还要策划社交网络上的促销活动、开发菜单、计算工资，支付各种费用、培训员工以及开会等等，大事小情都要自己操心。

此外，还会爆发人事问题（人际关系难以处理、人手不足等）以及财务问题。在没有任何时间休息放松的情况下，为了掌握餐饮业的前沿信息，你还必须不断研究你的竞争对手，学习他们的经营模式和菜单结构。

开餐厅绝不是"每天固定工作×小时，下班后喝杯啤酒就睡觉"那样轻松的工作。

许多出于喜欢而在餐厅工作并想自己创业的人，在真正亲手开起一家店后，才开始体会到经营餐厅的辛苦和不易，变得身心俱疲，最后离开了这个行业，这都是非常现实的情况。

不过，只要你对这一行有足够的热情，就应该能够从容面对，顺利地走下去。

▶想要一家生意长盛不衰的餐厅，经营者应具备什么特质？

我之前谈到了我在代官山开店失败的经历，这让我欠下了2亿日元的债务。我从失败中学到了一个道理：每一次的失败都不是无缘无故的。

反过来说，为了尽可能地避免失败的风险，你必须掌握行业知识和技能，坚持收集和分析行业信息，在此基础上制订具体的措施。然后，结合感性思维采取行动。

餐饮业是一个调动人们五感的行业。所以，经营者除了应该具备行业知识和逻辑思维，还需要不断地培养感性思维。

那么应该如何培养自己感性思维呢？

在我看来，培养感性思维需要打开你的五感，提升品位，学会使料理的味道、摆盘和餐具风格统一，让料理看上去更好吃，以及学会内装、制服和装饰品的搭配，让店内的一切都和谐一致。

除了通过观察模仿其他餐厅，获得灵感，我们还可以从绘画、电影、时尚和建筑设计中得到熏陶，以及从各种人际关系（如亲情和友情）中找到感觉。

然后，这样培养出的带有经营者个性的感性思维，会反映在门店和菜肴的概念、招揽顾客的创意以及经营的理念上。

当这种**感性思维有策略地展现出来时，餐厅成功的概率就会大大增加。**

也就是说，**每个老板心里都有"我想开一家这样的餐厅的"规划。**于是，经营者可以以个人创意为基础，打造一个清晰的门店概念，与其他餐厅形成差异化，并努力使自己的店成为顾客的首选。加之**关注市场动向并采取措施避免失败，就可以使你的生意长盛不衰。**

独立经营餐厅的时候，往往会忙得不可开交，以至于容易忽略了对同行和市场的研究。你的生意一开始可能很好，但餐饮业的趋势和顾客的消费倾向，在两三年里就会发生很大的变化。

你不一定要迎合市场，但如果你不了解行业趋势，你就不知道你的店在餐饮业中处于什么位置，以及你正在服务的是什么样的客户群。

餐饮业是一个门槛很低的行业，但想要在八成的餐厅都坚持不了 5 年的餐饮界生存下去，经营者就得兼具理性思维和感性思维。

▶做老板有做老板的乐趣

刚才的话题有些沉重，其实餐厅越小，就越能展现老板自己的理念和感性，所以开一家有自己独特风格的餐厅真的很有乐趣。

你雇用的厨房和大堂的员工，每个人的感性思维各不相同，所以有时当你看到他们的工作方式，就会变得很火大，觉得"怎么能这样做事呢"。

老板的个性越强，压力就越大。

然而，当你的个性和感性被别人理解和分享时，或者反过

来，当你用不同于自己的感性思维和创意实现了某个目标时，你就会感受到一种"同舟共济"的团队精神。

这就是为什么，开餐厅的乐趣，要比在银行或房地产业工作时的乐趣要大得多。

▶为员工们提供正能量

餐厅中的绝大多数矛盾，都是由人际关系引起的。

特别是那些一直亏损的餐厅，店里的人际关系一定存在着问题。有时候，以前相处得很好的老板和一线员工之间，或者员工之间，都会发生争吵，甚至大打出手。

这些矛盾如果能通过沟通解决就好了，但当事情变得一发不可收拾后，大家就会开始互相指责，说出一些"他在我就不干了"之类的话。

这种人际关系上的摩擦，想要圆满解决是非常困难的。一来二去，不愉快的气氛就会蔓延到整个餐厅，并最终波及顾客。渐渐地，客人们也都不愿意再来了。

经营一家餐厅时，像这样令人内心受挫的事件会经常发生。我在这个行业已经摸爬滚打20多年了，遇到过各种各样的矛盾，也学会了如何解决和避免这些矛盾，但我每个月还是会遇到两三次纠纷。

但是，如果领导员工的老板因此而一蹶不振，餐厅就会倒闭。

作为餐厅老板，要善于与遇到烦恼的员工沟通，具备调节矛盾的能力，并为他们提供正能量。

正能量是生意长盛不衰的餐厅不可或缺的特质，为员工们提供正能量，身为老板责无旁贷。

▶什么样的人是模范的经营者？

我参与过200多家餐厅的开业和运营，并认识了许多出色的经营者和老板。

我从他们身上学到了很多东西，我也深刻地认识到：在餐饮界里，现在的我仍然没有能力竞争得过他们。这已经成为我作为一个经营者向更高目标迈进的动力。我心目中模范的餐厅老板，应该兼具以下三个特质。

1. 为了打造个性的概念、创意和菜单，眼光始终与世界同步，接受最前沿的信息，并不断培养自己的感性思维。

2. 能够以冷静且客观的态度，根据数据做出经营决策。

3. 对员工和餐厅永葆"感恩"和"热爱"之情（当你雇用了一名员工，就意味着你要对这个人，乃至他的家庭负责。

如果管理层因为员工能力有限就马上解雇他们,是没有办法凝聚人心的)。

然而,能够同时做到这三点是很困难的。对我来说,尤其是第3条"人情"的部分,特别难掌握。

曾经有一段时间,我的一家直营店一直在亏损。这时候,本来应该尽快关店,但是我被员工努力工作的背影打动,于是就硬着头皮经营了下去。

结果,其他店的营业额都被拿去填补这家店的窟窿了,搞得其他店的员工心里也不痛快。

另外,亏损店的员工为了不辜负社长的期望,也都拼死拼活地做事,每个人都变得疲惫不堪。这就是为什么,管理决策的依据应该是数据和规则,而不是人情。比如,如果一家餐厅连续六个月处于亏损状态,就应该关掉它,并将里面的员工调到其他店。

我曾经在银行工作过,所以"用数据说话"对我来说并不困难,而且在创业之前,我也在原来的公司培养出了做餐饮业所必备的感性思维。然而,在我独立创业后的很长一段时间里,都无法完全根据数据和规则做出管理决策,有很多时候,我都被感情冲昏了头脑。

做餐饮顾问的时候,我的首要目的就是让餐厅成功赢利,所以我可以冷静地做出判断，但如果是我的直营店，我就不能不为员工们着想。

今后，我想成为一个在餐饮事业中能够兼顾到感性、数据和人情这三方面，并平衡好三者关系的经营者。

结　语

前段时间，我和一位我们公司的前员工一起喝了酒。他已经独立创业，现在正在经营着一家生意很不错的餐厅。

我们从回忆往事，一直聊到他的餐厅的现状、今后的发展和他对未来的展望，我为他能这样快速地成长起来感到欣慰。我们不再是上下级，而是成了关系对等的朋友，我们看待问题都从经营者的角度出发，因此聊得非常愉快。

我也重新下定决心，准备进一步研究员工培训的制度和方法，来支持那些努力工作的员工的梦想，为他们有朝一日能拥有一家属于自己的餐厅，助一臂之力。

我相信，为餐饮业培养下一代，是报答所有曾经帮助我成长的人最好的方式。

同时，我的工作伙伴们尽管也遇到了许多难题，但他们每天都会开朗而积极地面对。他们给予了我很大的能量，激励我抱定决心跟上他们的步伐。

接下来，我想帮助更多的经营者，为他们餐厅的开业和运营出谋划策，打造出不仅让顾客满意，而且让员工和老板都能乐在其中的餐厅。我的这个意愿非常强烈。

为了实现这一目标，我要继续扩大直营店的生意，也要坚持我的顾问咨询事业，让我的公司发展壮大。

具体来说，在直营店方面，继主打盐佐清酒（热酒、熟成酒）的GALALI青山总店，以及主打味噌搭配黑糖烧酒的GALALI千驮谷店之后，我想再开一家主打"酱油搭配浊酒"概念的日料居酒屋。我还有很多其他的计划想要实现，比如开意大利餐厅、中华料理餐厅和甜品店，以及在海外开一家特色日料餐厅。

至于我的餐饮顾问的事业，我将会比以前更频繁地在世界各地往来。

这是因为，除了日本国内客户，我还经常收到来自海外客户的咨询，他们也邀请我做他们餐厅的顾问。我觉得，接手这样的项目，通过餐饮事业在日本和其他国家之间架起桥梁，特别有意义。

今后，我想成为一个"国际餐饮顾问"，帮助客户在全球铺开事业，开更多能够让客人吃得满意、吃得开心的餐厅。

我作为餐饮顾问活动的舞台，将变得更加广阔。但是，我

结 语

还不敢把我自己,与那些我尊敬的、真正了不起的"顾问"相提并论。

于是,我总是尽我所能,帮助那些在餐厅经营方面遇到困难的人。如果人手不够,我会到施工现场帮客户粉刷墙壁,我还会帮他们组织面试和招聘,甚至帮他们开导员工……

也就是说,我觉得自己是"餐饮业的幕后工作者",是"餐饮界的万事屋"。今后,我也将继续以这样一个餐饮顾问的身份,竭尽全力服务于餐饮业界和各位同人。

在这本书中,我试图根据我在经营直营店,以及从事餐饮顾问工作中获得的经验,找出导致餐厅经营成功和失败的原因,当然这些因素并不全面。餐厅有各种各样的经营模式,我相信,专业人士(或同行)从他们的角度来看也会有许多不同的见解,但如果在规避经营失败风险上,这本书哪怕能帮上一点小忙,对我来说就是最大的意外惊喜了。

最后,我要感谢我的餐厅经营道路上的导师,也是我的恩人——餐饮顾问K社长;我要感谢我的员工,他们是我最重要的伙伴;我还要感谢参与到"GALALI"这个项目中的所有朋友,以及一直支持我的家人。

我还要感谢看着我一路走来的自由编辑野口先生,他也是我的大学同学。感谢他的大力支持,没有他,这本书就不会问世。另外，我还要感谢助理编辑高关先生、封面设计久保老师的倾力相助，感谢subarusya（すばる舎）出版社的菅沼编辑给予我出版这本书的机会。

最后，我要向读到这里的各位读者致谢，谢谢你们！

2020年1月

重野和稔

关于"服务的细节丛书"介绍：

东方出版社从 2012 年开始关注餐饮、零售、酒店业等服务行业的升级转型，为此从日本陆续引进了一套"服务的细节"丛书，是东方出版社"双百工程"出版战略之一，专门为中国服务业产业升级、转型提供思想武器。

所谓"双百工程"，是指东方出版社计划用 5 年时间，陆续从日本引进并出版在制造行业独领风骚、服务业有口皆碑的系列书籍各 100 种，以服务中国的经济转型升级。我们命名为"精益制造"和"服务的细节"两大系列。

我们的出版愿景："通过东方出版社'双百工程'的陆续出版，哪怕我们学到日本经验的一半，中国产业实力都会大大增强！"

到目前为止"服务的细节"系列已经出版 120 本，涵盖零售业、餐饮业、酒店业、医疗服务业、服装业等。

更多酒店业书籍请扫二维码

了解餐饮业书籍请扫二维码

了解零售业书籍请扫二维码

"服务的细节"系列

书 名	ISBN	定 价
服务的细节：卖得好的陈列	978-7-5060-4248-2	26元
服务的细节：为何顾客会在店里生气	978-7-5060-4249-9	26元
服务的细节：完全餐饮店	978-7-5060-4270-3	32元
服务的细节：完全商品陈列115例	978-7-5060-4302-1	30元
服务的细节：让顾客爱上店铺1——东急手创馆	978-7-5060-4408-0	29元
服务的细节：如何让顾客的不满产生利润	978-7-5060-4620-6	29元
服务的细节：新川服务圣经	978-7-5060-4613-8	23元
服务的细节：让顾客爱上店铺2——三宅一生	978-7-5060-4888-0	28元
服务的细节009：摸过顾客的脚，才能卖对鞋	978-7-5060-6494-1	22元
服务的细节010：繁荣店的问卷调查术	978-7-5060-6580-1	26元
服务的细节011：菜鸟餐饮店30天繁荣记	978-7-5060-6593-1	28元
服务的细节012：最勾引顾客的招牌	978-7-5060-6592-4	36元
服务的细节013：会切西红柿，就能做餐饮	978-7-5060-6812-3	28元
服务的细节014：制造型零售业——7-ELEVEn的服务升级	978-7-5060-6995-3	38元
服务的细节015：店铺防盗	978-7-5060-7148-2	28元
服务的细节016：中小企业自媒体集客术	978-7-5060-7207-6	36元
服务的细节017：敢挑选顾客的店铺才能赚钱	978-7-5060-7213-7	32元
服务的细节018：餐饮店投诉应对术	978-7-5060-7530-5	28元
服务的细节019：大数据时代的社区小店	978-7-5060-7734-7	28元
服务的细节020：线下体验店	978-7-5060-7751-4	32元
服务的细节021：医患纠纷解决术	978-7-5060-7757-6	38元
服务的细节022：迪士尼店长心法	978-7-5060-7818-4	28元
服务的细节023：女装经营圣经	978-7-5060-7996-9	36元
服务的细节024：医师接诊艺术	978-7-5060-8156-6	36元
服务的细节025：超人气餐饮店促销大全	978-7-5060-8221-1	46.8元

书　名	ISBN	定价
服务的细节026：服务的初心	978-7-5060-8219-8	39.8元
服务的细节027：最强导购成交术	978-7-5060-8220-4	36元
服务的细节028：帝国酒店　恰到好处的服务	978-7-5060-8228-0	33元
服务的细节029：餐饮店长如何带队伍	978-7-5060-8239-6	36元
服务的细节030：漫画餐饮店经营	978-7-5060-8401-7	36元
服务的细节031：店铺服务体验师报告	978-7-5060-8393-5	38元
服务的细节032：餐饮店超低风险运营策略	978-7-5060-8372-0	42元
服务的细节033：零售现场力	978-7-5060-8502-1	38元
服务的细节034：别人家的店为什么卖得好	978-7-5060-8669-1	38元
服务的细节035：顶级销售员做单训练	978-7-5060-8889-3	38元
服务的细节036：店长手绘　POP引流术	978-7-5060-8888-6	39.8元
服务的细节037：不懂大数据，怎么做餐饮?	978-7-5060-9026-1	38元
服务的细节038：零售店长就该这么干	978-7-5060-9049-0	38元
服务的细节039：生鲜超市工作手册蔬果篇	978-7-5060-9050-6	38元
服务的细节040：生鲜超市工作手册肉禽篇	978-7-5060-9051-3	38元
服务的细节041：生鲜超市工作手册水产篇	978-7-5060-9054-4	38元
服务的细节042：生鲜超市工作手册日配篇	978-7-5060-9052-0	38元
服务的细节043：生鲜超市工作手册之副食调料篇	978-7-5060-9056-8	48元
服务的细节044：生鲜超市工作手册之POP篇	978-7-5060-9055-1	38元
服务的细节045：日本新干线7分钟清扫奇迹	978-7-5060-9149-7	39.8元
服务的细节046：像顾客一样思考	978-7-5060-9223-4	38元
服务的细节047：好服务是设计出来的	978-7-5060-9222-7	38元
服务的细节048：让头回客成为回头客	978-7-5060-9221-0	38元
服务的细节049：餐饮连锁这样做	978-7-5060-9224-1	39元
服务的细节050：养老院长的12堂管理辅导课	978-7-5060-9241-8	39.8元
服务的细节051：大数据时代的医疗革命	978-7-5060-9242-5	38元
服务的细节052：如何战胜竞争店	978-7-5060-9243-2	38元
服务的细节053：这样打造一流卖场	978-7-5060-9336-1	38元
服务的细节054：店长促销烦恼急救箱	978-7-5060-9335-4	38元

书　名	ISBN	定　价
服务的细节055：餐饮店爆品打造与集客法则	978-7-5060-9512-9	58元
服务的细节056：赚钱美发店的经营学问	978-7-5060-9506-8	52元
服务的细节057：新零售全渠道战略	978-7-5060-9527-3	48元
服务的细节058：良医有道：成为好医生的100个指路牌	978-7-5060-9565-5	58元
服务的细节059：口腔诊所经营88法则	978-7-5060-9837-3	45元
服务的细节060：来自2万名店长的餐饮投诉应对术	978-7-5060-9455-9	48元
服务的细节061：超市经营数据分析、管理指南	978-7-5060-9990-5	60元
服务的细节062：超市管理者现场工作指南	978-7-5207-0002-3	60元
服务的细节063：超市投诉现场应对指南	978-7-5060-9991-2	60元
服务的细节064：超市现场陈列与展示指南	978-7-5207-0474-8	60元
服务的细节065：向日本超市店长学习合法经营之道	978-7-5207-0596-7	78元
服务的细节066：让食品网店销售额增加10倍的技巧	978-7-5207-0283-6	68元
服务的细节067：让顾客不请自来！卖场打造84法则	978-7-5207-0279-9	68元
服务的细节068：有趣就畅销！商品陈列99法则	978-7-5207-0293-5	68元
服务的细节069：成为区域旺店第一步——竞争店调查	978-7-5207-0278-2	68元
服务的细节070：餐饮店如何打造获利菜单	978-7-5207-0284-3	68元
服务的细节071：日本家具家居零售巨头NITORI的成功五原则	978-7-5207-0294-2	58元
服务的细节072：咖啡店卖的并不是咖啡	978-7-5207-0475-5	68元
服务的细节073：革新餐饮业态：胡椒厨房创始人的突破之道	978-7-5060-8898-5	58元
服务的细节074：餐饮店简单改换门面，就能增加新顾客	978-7-5207-0492-2	68元
服务的细节075：让POP会讲故事，商品就能卖得好	978-7-5060-8980-7	68元

书　　名	ISBN	定价
服务的细节076：经营自有品牌	978-7-5207-0591-2	78元
服务的细节077：卖场数据化经营	978-7-5207-0593-6	58元
服务的细节078：超市店长工作术	978-7-5207-0592-9	58元
服务的细节079：习惯购买的力量	978-7-5207-0684-1	68元
服务的细节080：7-ELEVEn的订货力	978-7-5207-0683-4	58元
服务的细节081：与零售巨头亚马逊共生	978-7-5207-0682-7	58元
服务的细节082：下一代零售连锁的7个经营思路	978-7-5207-0681-0	68元
服务的细节083：唤起感动	978-7-5207-0680-3	58元
服务的细节084：7-ELEVEn物流秘籍	978-7-5207-0894-4	68元
服务的细节085：价格坚挺，精品超市的经营秘诀	978-7-5207-0895-1	58元
服务的细节086：超市转型：做顾客的饮食生活规划师	978-7-5207-0896-8	68元
服务的细节087：连锁店商品开发	978-7-5207-1062-6	68元
服务的细节088：顾客爱吃才畅销	978-7-5207-1057-2	58元
服务的细节089：便利店差异化经营——罗森	978-7-5207-1163-0	68元
服务的细节090：餐饮营销1：创造回头客的35个开关	978-7-5207-1259-0	68元
服务的细节091：餐饮营销2：让顾客口口相传的35个开关	978-7-5207-1260-6	68元
服务的细节092：餐饮营销3：让顾客感动的小餐饮店"纪念日营销"	978-7-5207-1261-3	68元
服务的细节093：餐饮营销4：打造顾客支持型餐饮店7步骤	978-7-5207-1262-0	68元
服务的细节094：餐饮营销5：让餐饮店坐满女顾客的色彩营销	978-7-5207-1263-7	68元
服务的细节095：餐饮创业实战1：来，开家小小餐饮店	978-7-5207-0127-3	68元
服务的细节096：餐饮创业实战2：小投资、低风险开店开业教科书	978-7-5207-0164-8	88元

书　　名	ISBN	定价
服务的细节097：餐饮创业实战3：人气旺店是这样做成的!	978-7-5207-0126-6	68元
服务的细节098：餐饮创业实战4：三个菜品就能打造一家旺店	978-7-5207-0165-5	68元
服务的细节099：餐饮创业实战5：做好"外卖"更赚钱	978-7-5207-0166-2	68元
服务的细节100：餐饮创业实战6：喜气的店客常来，快乐的人福必至	978-7-5207-0167-9	68元
服务的细节101：丽思卡尔顿酒店的不传之秘：超越服务的瞬间	978-7-5207-1543-0	58元
服务的细节102：丽思卡尔顿酒店的不传之秘：纽带诞生的瞬间	978-7-5207-1545-4	58元
服务的细节103：丽思卡尔顿酒店的不传之秘：抓住人心的服务实践手册	978-7-5207-1546-1	58元
服务的细节104：廉价王：我的"唐吉诃德"人生	978-7-5207-1704-5	68元
服务的细节105：7-ELEVEn一号店:生意兴隆的秘密	978-7-5207-1705-2	58元
服务的细节106：餐饮连锁如何快速扩张	978-7-5207-1870-7	58元
服务的细节107：不倒闭的餐饮店	978-7-5207-1868-4	58元
服务的细节108：不可战胜的夫妻店	978-7-5207-1869-1	68元
服务的细节109：餐饮旺店就是这样"设计"出来的	978-7-5207-2126-4	68元
服务的细节110：优秀餐饮店长的11堂必修课	978-7-5207-2369-5	58元
服务的细节111：超市新常识1：有效的营销创新	978-7-5207-1841-7	58元
服务的细节112：超市的蓝海战略：创造良性赢利模式	978-7-5207-1842-4	58元
服务的细节113：超市未来生存之道：为顾客提供新价值	978-7-5207-1843-1	58元
服务的细节114：超市新常识2：激发顾客共鸣	978-7-5207-1844-8	58元
服务的细节115：如何规划超市未来	978-7-5207-1840-0	68元

书　名	ISBN	定　价
服务的细节116：会聊天就是生产力：丽思卡尔顿的"说话课"	978-7-5207-2690-0	58元
服务的细节117：有信赖才有价值：丽思卡尔顿的"信赖课"	978-7-5207-2691-7	58元